# METAVERSE
# 메타버스 교육 성공 전략

 한국U러닝연합회

# 목차

## 1장 메타버스 교육 개요 ······ 11

1. 4차 산업혁명과 코로나19 사태로 초래된 메타버스 메이킹 시대 ······ 13
2. 메타버스 교육 현황과 전망 ······ 15
   가. 이러닝 진화 선상의 메타버스 교육 ······ 15
   나. 메타버스 교육 수업사례 ······ 17
      1) 메타버스와 교육 ······ 19
      2) 메타버스 플랫폼 ······ 22
      3) 활동 중심 사례와 온라인 도구 ······ 33
      4) 가상현실과 교육 ······ 37

## 2장 가상 세계에서 사이버교육의 접근법 ······ 41

1. VR 활용 교육 ······ 43
   가. 개요 ······ 43
   나. VR 콘텐츠 관련 하드웨어 ······ 44
      1) HMD ······ 44
      2) 상호작용 하드웨어 ······ 46
      3) VR 콘텐츠 제작 솔루션 ······ 51
   다. VR활용한 교육 ······ 53
2. AR 활용 교육 ······ 54
   가. 개요 ······ 54
   나. AR 장비 ······ 55
      1) 구글 글라스 ······ 56
      2) 엡손 모베리오 ······ 56
      3) 마이크로소프트 홀로렌즈 ······ 57
3. 비실시간 콘텐츠 제공 수업 ······ 58
   가. 사이버대학교 개요 ······ 58
   나. 온택트 시대의 사이버대학교 ······ 60
      1) 메타버스 플랫폼 활용 사례 ······ 60
      2) 메타버스 플랫폼 현황 분석 ······ 62

3) MOOC 수업 활용 사례 ·············································· 64
4. 메타버스 교육과도 관련 깊은 AI 활용 ································ 66
　가. 개요 ······································································ 66
　　1) 인공지능이란? ···················································· 66
　　2) 인공지능 적용사례 ·············································· 68
　나. AI 활용한 교육 ······················································ 70
　　1) 클래스팅 AI ······················································ 70
　　2) AI 튜터 ····························································· 71
　　3) 사이버대학교 AI ················································ 75

# 3장 메타버스교육을 위한 수업이론과 교수·학습법의 효율적 접근 ·············· 77

1. 학습 이론적 접근 ······················································ 81
　가. 행동주의 학습이론 ·················································· 82
　나. 인지주의 학습이론 ·················································· 83
　다. 구성주의 학습이론 ·················································· 85
　　1) 구성주의 학습의 개념 및 원리 ···························· 86
　　2) 구성주의 학습이 주는 시사점 ······························ 87
2. 교수·학습법 ······························································ 89
　가. 강의형 교수법 ························································ 89
　나. 발견학습형 교수법 ·················································· 90
　다. 팀 기반 학습법 ······················································ 91
　　1) 팀 기반 학습의 기본 원리 ··································· 92
　　2) 팀 기반 학습의 적용 ·········································· 92
　라. 문제 기반 학습 ······················································ 97
　　1) 문제 기반 학습의 절차 ······································· 97
　　2) 문제 개발 과정 ·················································· 98
　　3) 교수·학습과 평가과정 ······································ 100
　마. 프로젝트 기반 학습 ·············································· 102
　　1) 프로젝트 기반 학습법의 과정 ···························· 102
　　2) 프로젝트 학습법을 운영할 때 유의 사항 ············ 103

# 4장 실재감 있는 수업설계모형 ··· 105

  1. 수업 설계 ··· 107
    가. 수업 설계의 정의 ··· 107
    나. 수업 설계의 구성요소와 절차 ··· 108
      1) 교수상황 ··· 108
      2) 교수방법 ··· 110
    다. 수업설계의 일반적인 절차 ··· 111
      1) 분석단계 ··· 111
      2) 설계단계 ··· 112
      3) 개발단계 ··· 112
      4) 실행단계 ··· 113
      5) 평가단계 ··· 114
  2. 수업 설계모형 ··· 115
    가. 전통적 수업체제설계 모형 ··· 115
      1) ASSURE 모형 ··· 115
      2) ADDIE 모형 ··· 126
      3) Dick & Carey의 체제 접근 모형 ··· 127
      4) ARCS 모형 ··· 128
    나. 대안적(구성주의적)교수체제 설계 모형 ··· 134
      1) Willis의 R2D2 모형 ··· 134
      2) The new R2D2 모형 ··· 136
    다. 수업과정에서의 수업모형 ··· 137

# 5장. 새로운 시대의 메타 수업과 리더십 ··· 139

  1. 새로운 시대의 메타 수업 ··· 141
    가. 새로운 시대, 인간이란 무엇인가를 새롭게 고민 ··· 141
    나. 현대심리 철학적 의미를 담은 메타버스 개념으로 업그레이드 ··· 142
    다. 메타버스 콘텐츠, 서비스, 플랫폼 등 기능적 구분도 필요 ··· 142
  2. 메타버스 교육 리더십 ··· 143
  3. 메타버스 공간 속 온라인 리더십 개요 ··· 144
    가. 인간의 오랜 역사요 미래인 리더십 ··· 144

나. 관계 중심의 생활 리더십 ·········································· 145
　다. 리더십의 변화 ······················································ 146
4. 리더십 역량 강화 전략 ················································ 146
　가. 용기와 개인적 주도성 ············································· 146
　　1) 브레네 브라운의 '용기' ········································· 147
　　2) 아들러의 용기 ···················································· 150
　나. 주도성의 패턴 ······················································ 150
　다. 창의적 발상 ························································· 153
　　1) 창의적 발상이 리더에게 필요한 이유 ······················· 154
　　2) 과거는 추억 속에, 미래는 상상 속에 ························ 154
　　3) 리더 스스로가 꼭 창의적이어야 하는가? ·················· 155
　　4) 뛰어난 상상력, 창의력, 통찰력 ······························· 156
　　5) 창의적 발상을 촉진하는 도구 ································· 156
　라. 바다를 꿈꾸자 ······················································ 173
　마. 통찰력을 키우자 ··················································· 173

# 6장. 메타버스교육 성공 전략 ·········· 175

1. 상호작용으로 차별화 ················································· 177
2. 메타버스 학습여정 ···················································· 177
3. 따로 또 같이 ··························································· 178
4. 이러닝 고도화 ························································· 178
5. 시뮬레이션 최적화 ···················································· 179
6. 메이커 브랜딩 전략 ·················································· 179
7. 마음 관리 ······························································· 179
8. 인적자원 업그레이드 ················································· 180
9. 가상세계를 더욱 현실과 유사하게 혹은 현실을 초월해서 ······ 181

## 표 목차

- 〈표 1-1〉 e러닝의 진화 ································································ 16
- 〈표 2-1〉 사이버대학교 현황 ······················································ 59
- 〈표 2-2〉 원격대학형태의 평생 교육시설 현황 ······················· 60
- 〈표 2-3〉 연령별 등록생 분포 비율 ·········································· 60
- 〈표 2-4〉 사이버대학별 K-MOOC 강좌 현황 ·························· 64
- 〈표 3-1〉 인지주의와 행동주의 이론의 비교 ··························· 84
- 〈표 4-1〉 총괄평가의 두 가지 단계 ········································ 114
- 〈표 4-2〉 형성 평가와 총괄평가 비교 ···································· 114
- 〈표 4-3〉 ARCS 모형의 구성요소 ············································ 131
- 〈표 4-4〉 R2D2 모형 ·································································· 135
- 〈표 4-5〉 Wills와 Wright의 새로운 R2D2 모형 ···················· 136

## 그림 목차

- [그림 1-1] 산업혁명의 변화 ························································ 13
- [그림 1-2] 동의대학교 메타버스 교육연구소 활동 ················· 17
- [그림 1-3] (사)한국U러닝연합회 메타버스 교육전문가 양성과정 ············ 18
- [그림 1-4] 메타버스 에듀테크 캠프 ·········································· 18
- [그림 1-5] '레디 플레이어 원' 포스터 ···································· 19
- [그림 1-6] 메타버스 신산업 선도전략 ······································ 20
- [그림 1-7] 게더타운에서 활동하는 모습 ·································· 24
- [그림 1-8] 게더타운에서 수업하는 모습 ·································· 24
- [그림 1-9] 게더타운에서 직무 동아리 활동하는 모습 ··········· 25
- [그림 1-10] 스팟에서 아바타 꾸미기 ········································ 25
- [그림 1-11] 스팟 웹캡 모습 ························································ 26
- [그림 1-12] 다양한 장비에서 활용할 수 있는 스팟 ·············· 27
- [그림 1-13] 스팟에서 마우스 조작법 ········································ 27
- [그림 1-14] 쉽게 이동할 수 있는 UI ······································· 27
- [그림 1-15] 스팟에서 활동하는 모습 ········································ 28
- [그림 1-16] 스팟에서 진행한 오리엔테이션 수업 ··················· 28
- [그림 1-17] 퀴즈앤(quizn) 활용한 퀴즈 활동 ·························· 29

- [그림 1-18] 스팟에서 진행한 조별 활동 ········································· 29
- [그림 1-19] 스팟의 공간구성 ······················································· 30
- [그림 1-20] 스팟의 강력한 권한 설정 기능 ································· 31
- [그림 1-21] 스팟의 다양한 활용 사례 ········································· 32
- [그림 1-22] 스페이셜에서 활동하는 모습 ····································· 33
- [그림 1-23] 알로 기능을 활용한 온라인 활동 ····························· 35
- [그림 1-24] 온라인 타르시아를 활용한 퍼즐 활동 ······················· 36
- [그림 1-25] 워드월을 활용한 퍼즐 활동 ······································· 36
- [그림 1-26] 퀴즈앤에서 방 탈출 게임 하는 모습 ························· 37
- [그림 1-27] 3D Organon Anatomy 프로그램 시연 화면 ············ 38
- [그림 1-28] Sharecare VR 프로그램 시연 화면 ························· 39
- [그림 2-1] 일체형 HMD ······························································ 46
- [그림 2-2] Oculus Rift와 HTC Vive의 optical sensor ············· 47
- [그림 2-3] 키넥트 장비와 촬영된 Depth Map ··························· 48
- [그림 2-4] 가상공간 이동 장비 ···················································· 48
- [그림 2-5] Grip Controller ·························································· 49
- [그림 2-6] Data Glove ································································· 50
- [그림 2-7] 360° 촬영 카메라 ······················································ 52
- [그림 2-8] 가상현실(좌)과 증강현실(우) ······································· 54
- [그림 2-9] Pokemon Go 실행 화면 ············································ 55
- [그림 2-10] AR 내비게이션 ·························································· 55
- [그림 2-11] Google Glass ··························································· 56
- [그림 2-12] EPSON MOVERIO ··················································· 56
- [그림 2-13] Microsoft HoloLens ················································· 57
- [그림 2-14] 학습한 내용을 기반으로 대답하는 상상력 기계 ······· 68
- [그림 2-15] Deep Dream Tool ··················································· 69
- [그림 3-1] 학습이론을 근거한 수업 설계의 로드맵 ····················· 81
- [그림 3-2] 팀 기반 학습 수업 활동 단계 ···································· 93
- [그림 3-3] 팀 기반 학습의 교수·학습활동 계열화 ······················ 95
- [그림 3-4] 문제 기반 학습의 전체 과정 ······································ 98
- [그림 3-5] 문제 개발 과정 ··························································· 99
- [그림 3-6] 교수·학습과 평가과정 ················································ 101

- [그림 3-7] 프로젝트 기반 학습법의 과정 ·································· 102
- [그림 4-1] 교수설계 이론의 구성요소 ····································· 108
- [그림 4-2] 수업 설계의 일반적 절차 ······································· 111
- [그림 4-3] ASSIRE 모형 ······················································· 116
- [그림 4-4] ADDIE 모형 ························································ 127
- [그림 4-5] Dick & Carey의 체제 접근 모형 ···························· 128
- [그림 4-6] ARCS와 교수전략 요소와의 관계 ··························· 131
- [그림 4-7] 수업의 효율화 연구 모형 ······································· 137

# 1장

## 메타버스 교육 개요

한국U러닝연합회

# 1. 4차 산업혁명과 코로나19 사태로 초래된 메타버스 메이킹 시대

> "4차 산업혁명은 단순하게 기술의 진보라는 측면에서 접근하면 안 됩니다.
> 이것은 정치적, 사회적 변화이자 인류의 도전입니다."
>
> 클라우스 슈바프 (Klaus Schwab) 세계경제포럼 회장

제4차 산업혁명은 온라인 정보통신 기술이 오프라인 산업현장에 적용되면서 일어난 전반적인 사회혁신을 일컫는 말로써 첨단기술의 진화로 엄청난 사회변화가 현재 진행형으로 벌어지고 있는 지금의 시대를 관통하고 있는 키워드이다.

생산의 스마트 플랫폼화로 소비자의 삶도 바뀌는 중이라 과거의 증기 혁명, 조립 혁명 등을 통틀어 가장 급격한 변화를 불러일으키고 있는 생산성 혁명에 해당하는 것으로 "소유에서 사용으로의 전환"을 의미하기도 한다.

[그림 1-1] 산업혁명의 변화

온라인 정보통신 기술이 대단위 생산설비 및 산업 장비에 적용되어 맞춤형으로 생산이 이뤄져 판매방식에도 근본적인 변화가 일어나고 있다. 기업의 측면에서 보면 엄청난 가격의 생산설비를 전부 사들여서 감가상각 등의 소유손실을 감수하는 것보다 필요할 때만 구해 사용하는 것이 훨씬 효율적이다. 이런 생산설비의 문제가 교육시설에도 적용되어 2020년 코로나19 사태로 학교에 갈 수 없고 또한 과도한 대단위 교육시설보다는 소규모 스튜디오 등 실질적인 학습콘텐츠 생산을 위한 실용적인 비대면 학습으로의 전환을 앞당기는 계기가 마련되어 교육에도 엄청난 변화의 물꼬가 터지기 시작했다.

 아울러 비대면 사회로 급격한 전환과 함께 메타버스 공간을 통한 소통도 확대되어 네이버 "제페토(ZEPETO)"와 SK텔레콤 "이프랜드(ifland)" 등 메타버스 플랫폼의 대중화가 성큼 앞당겨져 유튜브 크리에이터(YouTube Creater)처럼 최근 몇 년 전부터 "메타버스 크리에이터(Metaverse Creater)"라는 신직업이 생겨날 정도로 새로운 변화가 다양하게 펼쳐지고 있다.

 대학에서는 "게더타운(gather.town)"을 통한 비대면 입학식과 오리엔테이션 등을 통해 가상공간의 소통이 활발하게 이뤄지고 있고 나아가 온라인 세미나 및 워크숍도 메타버스 플랫폼으로 진행하는 등 교육적 활용이 점점 늘어나는 추세이다.

 여기에 호남대학교 이문영 교수는 직접 3D 시뮬레이션 기반의 해부학실습 등을 저비용으로 메타버스 활용 수업 형태로 진행하고 있어 본격적인 가상 세계 기반의 교육이 우리 앞에 성큼 다가서고 있다.

 반면에 이러한 메타버스 활용 교육은 갑자기 하늘에서 툭 떨어진 것이 아니라 1990년대 말 인터넷의 보급 확대와 함께 활성화되기 시작한 온라인교육 및 e러닝이 처음 오프라인 교육의 보완재로 시작이 되어 차츰 생활 속에 녹아드는 중에 2020년 코로나19 사태를 계기로 급격히 비대면 사회로 전환됨에 따라 e러닝이 이젠 가상환경을 주도하는 메타버스 교육으로 새롭게 자리매김하는 과정으로 보면 좋을 듯하다.

## 2. 메타버스 교육 현황과 전망

### 가. 이러닝 진화 선상의 메타버스 교육

메타버스 교육은 그간의 e러닝과 온라인교육 진화의 산물이므로 기존 시청각 매체 활용 등 전자적 기반 학습을 총망라한 광의의 개념으로 접근하는 것이 필요하다.

이러닝산업발전법에 정의된 e러닝은 "전자적 수단과 정보통신, 방송 기술을 활용한 학습"으로 코로나19 이후 초래된 비대면 사회에서 가상공간을 통한 학습으로 확장되어 더욱 포괄적인 개념으로 우리 삶 속에 깊이 스며들기 시작했기에 메타버스 교육 또한 e러닝의 연장선상에서 그 현황과 전망을 되짚어 보는 지혜가 필요하다.

1990년 인터넷 붐과 함께 시작된 e러닝은 1999년 고용노동부 고용보험 환급과정에 인터넷 원격훈련 공식 지원제도 시작, 2000년대 사이버대학교 정규학위 과정 개설, 2004년 이러닝산업발전법 제정, EBS 수능 인터넷 강의 전국적 실시로 본격적인 대중화 단계에 접어들기 시작했다.

이후 2012년 사이버대학교 석사학위 취득이 가능해지고 국내에도 해외 MOOC 개념이 도입되었으며 2014년에는 플립러닝이 활성화되어 짧은 메시지 중심의 사전학습으로도 e러닝이 활용되었고 2017년 이후에는 기업교육 쪽에서 마이크로러닝 개념이 도입되어 10분 내외의 짧은 동영상 강좌가 크게 유행하기도 했다.

특히 2020년에는 전대미문의 코로나19 사태를 계기로 학교에 갈 수 없는 상황인지라 초중고·대학이 100% 온라인 수업으로 진행되는 등 완전히 뒤집힌 교육환경을 접하게 되었다. 이후 2022년부터 "코로나 일상 시대"에 진입하여 비대면 온라인 수업과 교실 수업이 병행해 이뤄지는 블렌디드 러닝의 단계로 접어들어 메타버스 공간의 수업이 일상에 스며들기 시작해 향후 엄청난 변화의 소용돌이 속으로 빨려들 것으로 보인다.

| | |
|---|---|
| 1999년 | • 인터넷 붐과 함께 고용보험 환급 기반 e러닝 시행(고용노동부) |
| 2001년 | • 정규 사이버대학 공식 개설<br>• 사이버대학 및 원격 대학 형태의 평생교육시설 총 21개교 |
| 2004년 | • 이러닝산업발전법 제정<br>• EBS 수능 인터넷 강의 시행 |
| 2012년 | • 고등교육법 개정으로 사이버대학 정규 학사과정 편입 |
| 2014년 | • 플립러닝 및 MOOC 활성화<br>• 미국 ATD(Association for Talent Development) "마이크로러닝" 이슈화 |
| 2020년 | • 초중고 온라인개학 및 100% 비대면 수업<br>• 대학도 100% 사이버강의 |

<표 1-1> e러닝의 진화

따라서 코로나19 이후 지하철이나 버스에서 스마트폰을 통해 동영상 등으로 얼마든지 배움이 가능한 시대에 진입했기에 언제 어디서나 쉽게 배우고 익힐 수 있는 유비쿼터스 러닝(일명 U러닝)의 시대라 할 만하다.

독일 실존철학자 하이데거(Martin Heidegger)의 "도구의 부재"가 현실화하여 영화 "마이너리티 리포트(Minority Report)"처럼 도구나 플랫폼이 따로 보이지 않아도 학습자들이 쉽고 편하게 활용할 수 있는 시대가 올 것이다.

## 나. 메타버스 교육 수업사례

앞서가는 대학과 초중고를 중심으로 2022년부터 메타버스 교육이 본격적으로 현장 수업에 적용되기 시작한바, 동의대학교 정주영 교수와 호남대 이문영 교수 등이 선도적으로 메타버스 교육 사례를 만들어 내고 있다.

먼저 동의대학교 정주영 교수는 2021년 말 교내에 "메타버스교육연구소"를 만들어 본교 메타버스 맵 제작 및 교육적 활용을 선보이고 있으며 아울러 교직원들 대상 메타버스 전문역량 강화 워크숍과 포럼 개최를 통해 지역의 메타버스 거점 역할을 톡톡히 수행하고 있다.

[그림 1-2] 동의대학교 메타버스 교육연구소 활동

호남대학교 이문영 교수는 학생들 대상의 보건학 수업에 메타버스 플랫폼과 가상현실(VR)을 활용해 직접 강의를 진행 중이고 2022년 상반기부터 (사)한국U러닝연합회 메타버스 교육전문가 양성과정의 주임교수로 메타버스 교육을 선도하고 있다.

아울러 이문영 교수는 광주지역 고등학생 71명을 대상으로 메타버스 워크숍을 진행하는 등 전국적인 메타버스 교육 붐 조성에 앞장서고 있다.

[그림 1-3] 한국U러닝연합회 메타버스 교육전문가 양성과정

[그림 1-4] 메타버스 에듀테크 캠프

## 1) 메타버스와 교육

### 호남대학교 이문영 교수

2045년의 어느 날, 쓰러져 가는 건물들이 즐비한 빈민가, 그리고 폐차나 다름없는 버스 안에서 한 청년이 무심한 듯 고글을 뒤집어쓴다. 청년의 눈앞에는 화려한 스카이라인의 도시가 펼쳐진다. 청년과는 어울리지 않는 고급스러운 무도회장, 하지만 어느새 그 청년도 그에 걸맞은 복장으로 붐비고 있고 사람들과 어울리고 있다.

[그림 1-5] '레디 플레이어 원' 포스터

2018년 스티븐 스필버그 감독이 제작한 '레디 플레이어 원(Ready Player One)'이라는 영화의 한 장면이다. 최근 회자하고 있는 메타버스를 이야기할 때 빠지지 않는 예시이기도 하다. 메타버스라는 용어는 이미 30여 전에 한 소설에서 만들어져 사용됐으나 최근 코로나19 상황으로 인해 온라인 활동이 증가하면서 더욱 주목받기 시작했다.

이런 상황 속에서 메타버스에 대한 평가는 갈리고 있다. 기존에도 인터넷이라는 가상공간이 존재하긴 했으나 실재감 있는 시각적 효과가 접목된 메타버스는 제2의 세계, 디지털 트윈(Digital Twin), 미러 월드(Mirror World) 등의 수식어가 붙으면서 미래를 바꿀 혁명의 기술이라는 평가가 있지만, 반짝 주목받다가 흔적마저 사라진 기존의 여느 기술 중 하나가 아니겠냐는 냉소적 평가도 존재한다.

우리나라에서 메타버스의 현주소는 어떻게 되며 어떤 움직임을 보이고 있을까? 2022년 1월, 정부에서는 디지털 뉴딜 2.0 초연결 신산업 육성 첫 종합대책으로, '디지털 신대륙, 메타버스로 도약하는 대한민국!'이라는 표어 아래 '메타버스 신산업 선도전략'을 발표했다. 주요 네 가지 목표는 글로벌 메타버스 시장 점유율 5위, 전문가 40,000

명 양성, 공급기업 220개 육성, 모범사례 50건 발굴이다.

이를 달성하기 위한 네 가지 전략을 살펴보면, 첫째 메타버스 플랫폼 생태계 활성과 메타버스 플랫폼 성장 기반 조성, 둘째 메타버스 활용 및 저변확대를 통한 메타버스 실무인재 양성, 셋째 메타버스 기업 성장 인프라 확충 및 기업 경쟁력 강화, 넷째 안전하고 신뢰할 수 있는 메타버스 환경 조성과 메타버스 공동체 가치 실현 등이 있다.

이 발표는 단순히 메타버스의 발전이 구호에 그치지 않고 실제 국가적 기술로 발전할 수 있도록 정부가 발 벗고 나서겠다는 계획으로, 정부 차원에서 디지털 뉴딜의 실용적 과제로 메타버스를 선택하고 중장기적 투자에 앞장서겠다고 한 만큼 그 의미가 크다고 하겠다.

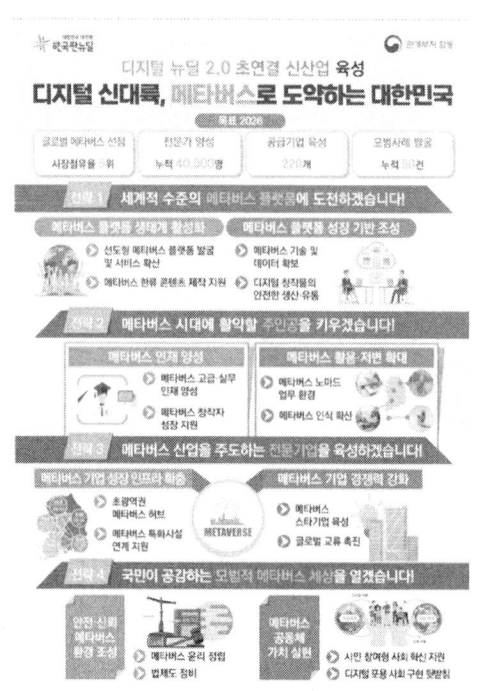

[그림 1-6] 메타버스 신산업 선도전략

그렇다면 메타버스는 실제로 우리 사회에 어떤 영향을 주고 있을까? 정부는 2021년 12월에 '미래 유망 신직업 발굴 및 활성화 방안' 발표에서 새롭게 발굴하고 활성화할 5개 분야 18가지의 신직업을 발표했다.

면면을 살펴보면, 기술혁신 흐름에 부응하는 신기술·융합 분야 신직업 5가지, 저출산·고령화 시대 대응을 위한 교육·의료 분야 신직업 2가지, 개인의 삶의 질 제고를 위한 문화·여가 분야 신직업 4가지, 안전한 먹거리 수급을 위한 농림·수산 분야 신직업 4가지, 저탄소·친환경 경제 전환에 부합하는 환경 분야 신직업 3가지이다.

여기서 주목할 만한 직업에는 메타버스 플랫폼 제작 도구를 활용하여, 캐릭터디자인, 아이템 개발 및 판매 등의 업무 수행하는 '메타버스 크리에이터'와 대체 불가능 토큰(NFT:Non-Fungible Token)을 활용해 미술품 제작·관리·홍보 및 컬렉터와 작가 간 중개 등에 관한 업무 수행하는 'NFT 아트에이전트'가 있다. 메타버스의 발전이 단순한 기술의 한 분야로서가 아닌 새로운 직업을 창출해 낼 수 있는 영역이라는 것이다.

SNS에서는 유튜버 크리에이터를 능가하는 제페토 인플루언서(influencer)들이 명성을 크게 얻고 있고 메타버스 건축가, 아바타 디자이너, 심지어는 메타버스로 웹드라마를 제작하는 메타버스 웹드라마 PD라는 새로운 직업이 지금도 생겨나고 있다.

그뿐만 아니라 가상현실 및 증강현실 시장 규모를 포함한 메타버스의 세계적 시장 규모는 2020년 957억 달러에서 2030년 1조5,429억 달러로, 무려 열다섯 배 성장이 예상된다. 이는 메타버스라는 기술이 새로운 직업을 만들어 내고 경제적 및 사회적 변화를 견인하고 있다는 증거라고 할 수 있다.

그렇다면 교육에서는 어떤 영향을 주고 있을까? 사실 교육 분야만큼이나 변화가 더딘 영역도 드물다. 물론 교육의 본질이야 변하지 않는 것이 맞겠으나 눈부신 세상의 변화에 적응하기 위한 준비로서의 교육도 교육의 본질 중 하나가 아니겠느냐고 생각한다면 가히 아이러니하기까지 하다. 참 많은 도구와 기술들이 교육공학적 측면에서 교육과 접목되어왔긴 하지만 효율적인 측면 이외의 혁신적 변화에는 영향을 주기 어렵다는 게 기성의 목소리였다. 하지만 최근 AI(인공지능)의 도입이 이루어지면서 기존의 시각에 변화가 생기고 있다.

기존의 방송, 영상, 인터넷 등의 기존 기술들이 전달 방법 면에서의 도구로 활용되었다면 AI는 교수자의 보조자로서 해야 할 역할을 넘어 특정 영역(언어학습이나 학습 체계의 위계가 분명한 학문 분야)에서는 급기야 주도적인 교육의 주체자로서 도입되고 있다. 물론 프로그램의 설계 등은 인간이 하지만 개별에 맞는 학습의 난이도나 속도 등의 측면에서 AI 주도적으로(설계자의 동시적 관여 없이) 진행하게 되는 것이다.

그렇다면 메타버스는 교육에 적용이 될 수 있을까? 코로나19로 인해서 대학을 비롯한 많은 교육영역에서 온라인 수업이 진행되었다. 동영상을 제작하여 올리는 형태도 많았지만, 화상회의형 플랫폼을 활용한 실시간 비대면 수업도 진행되었다. 사실 메타버스 플랫폼으로 분류되는 프로그램 중 일부는 화상회의를 목적으로 만들어진 프로그램도 있는 만큼 소통과 자료공유가 된다는 점에서 수업하는 데 큰 어려움은 없다. 다만 전제해야 할 사항이 있다.

너무나도 당연한 이야기겠지만 도구의 특성에 맞게 적합한 곳에 사용되어야 한다. 예를 들어 아바타가 학습자를 대신하여 가상공간에서 활동하고 이동하는 상황에서 움직여서는 안 되는 강의식 수업을 진행한다는 것은 적절치 못한 적용이라고 생각된다. 강의식 수업은 줌(ZOOM)이나 웹엑스(WebEx)와 같은 화상회의형 기반 프로그램으로도 충분할 뿐만 아니라 더 적합하다. 즉, 메타버스의 경우 학습자들이 주도적으로 활동하고 선택할 수 있는 요소가 있는 수업에 적합하다고 할 수 있다.

특히 가상현실을 접목한 실습중심형 수업의 경우, 그 효과는 훨씬 크다고 할 수 있다. 코로나19 상황은 실제 실습수업이나 현장방문형 수업을 어렵게 만드는 요소가 되었다. 코로나19와 같이 어쩔 수 없는 상황이 아니더라도 실제 현장에 나가면 실습이 아닌 관찰 중심의 소극적인 참여를 하거나 심지어 업무와 무관한 일을 한다고 불만을 표하는 예도 있다. 물론 가상현실을 통한 실습 교육이 실제 하는 것에 비해 학습효과는 부족할 것이다. 그런데도 실습 현장이 접근하기 어려워 기회조차 얻기 어려운 경우, 실습 현장이 위험한 경우, 실습을 수행하는 데 많이 비용이 드는 경우라면 적극적으로 활용해 볼 만 할 것이다.

### 2) 메타버스 플랫폼

메타버스의 개념과 교육에서의 활용 가능성에 대해 살펴보았다. 그럼 교육에 적합한 메타버스 플랫폼에는 무엇이 있을까? 메타버스 플랫폼의 종류는 매우 많지만 몇 가지의 플랫폼만 소개해보고자 한다.

특히, 교육에 사용하기 위한 몇 가지 조건을 들자면 첫째로 외부 프로그램들과의 연결성을 들 수 있다. 메타버스는 가상의 공간을 제공하는 것이지 내용을 제공하는 것은 아니기 때문에 교육에 활용할 수 있는 동영상이나 학습자료들과 같은 학습콘텐츠가 연결되어야 한다. 이러한 요소나 기능들을 메타버스 플랫폼이 다 가지고 있기는 어려우므로 외부의 다양한 도구들이 연결되어야 한다.

둘째로 수업 설계의 용이성을 위해 맵 제작이 자유로워야 한다. 메타버스에서 공간 구성은 곧 수업내용을 담을 내용적 구성과 직결되기 때문에 공간을 자유롭게 구성하지 못한다면 수업 설계를 원하는 대로 하기 어렵게 된다.

셋째로 접근성 및 사용의 편리성이 전제되어야 한다. 아무리 좋은 프로그램이라고 해도 결국 사용자들과의 연결이 잘 안되거나 사용하는 방법 자체가 어렵다면 교육에 적용할 수 없다. 이러한 기준을 중심으로 다음의 세 가지 플랫폼의 특징을 이야기해 보고자 한다.

### (1) 게더타운

게더타운(Gathertown, https://gather.town/app)은 2D 기반의 메타버스 플랫폼으로 아바타 간의 거리가 가까워짐에 따라 웹캠을 통해 상대방의 얼굴을 보거나 목소리를 듣는 등 화상회의의 요소를 가지고 있고 게더타운 이외의 다양한 외부 프로그램이나 사이트를 연결함으로써 충분한 자료나 활동을 제공할 수 있다는 점에서 학습자 중심 수업에 적합한 도구로 판단된다. 실제로 게더타운을 활용한 수업사례는 다수 보고되고 있으며 계속 확대되는 형국이다. 필자의 수업사례와 함께 게더타운의 내용을 살펴보자.

[그림 1-7]은 게더타운의 맵 구성 화면이다. 게더타운에서 제공하는 템플릿을 사용해 수업을 설계할 수도 있고(그림 왼쪽), 아이코그램(icogram)과 같은 외부 프로그램을 이용해 맵을 설계할 수도 있다(그림 오른쪽).

수업의 경우, 에듀케이션 맵을 변형하여 사용하는 것이 유용하며 수업의 설계에 따라 필요한 기능을 연결하여 사용하면 된다.

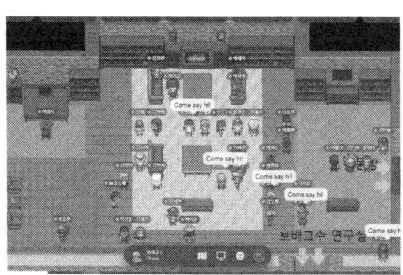 

[그림 1-7] 게더타운에서 활동하는 모습

[그림 1-8]은 게더타운에서 수업하는 모습이다. 특히, 메타버스에서 수업할 때 주의해야 할 사항이 있다. 메타버스뿐만 아니라 모든 수업에서 마찬가지겠지만 철저한 수업 설계가 이루어져야 한다. 메타버스는 온라인 공간이고 아바타가 사용자를 대신하여 움직인다는 면에서 어포던스(affordance, 행동유도성)와 실재감 등의 요소를 더 고려해야 한다는 차이가 있다.

[그림 1-8]의 왼쪽 그림은 퍼즐을 하는 활동 모습이다(활동중심 사례 참조). 온라인상에서 할 수 있는 퍼즐 활동을 단계별로 배치하여 각자 수행하도록 한 활동이다.

[그림 1-8]의 오른쪽 그림은 조별 활동하는 모습이다. Private Area 기능은 지정된 공간 내로 들어갔을 때, 같은 공간에 있는 아바타들끼리만 화면과 음성을 공유하는 등의 소통을 할 수 있게 해준다. 즉, 같은 모둠 학습자들의 독립적인 활동이 가능하다는 것이다. 이 외에도 다양한 외부 프로그램(온라인 퀴즈, 협동형 화이트보드 등)을 연동하여 사용할 수 있으므로 수업 설계의 각 단계에 필요한 요소를 연결하여 사용할 수 있다.

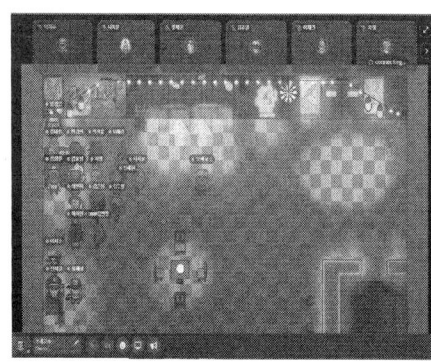 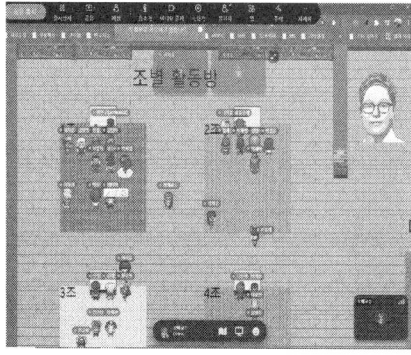

[그림 1-8] 게더타운에서 수업하는 모습

[그림 1-9] 게더타운에서 비교과 활동을 한 모습이다. 취업한 선배와 재학생들이 메타버스 공간에서 만나 진로상담과 취업 관련 질의를 하는 행사를 '선배초청 간담회'라는 주제로 진행하였다. 단순한 일방적 강의나 화상회의형 방식이 아닌 재학생들의 질문을 미리 메타버스 맵 안에 배치해놓고 재학생과 선배 아바타들이 돌아다니며 질문을 찾고 답하는 방식이다. 화상강의 방식보다 흥미와 실재감 면에서 더욱 좋은 반응이 있었다.

이렇듯 수업이 아닌 비교과 프로그램뿐만 아니라 학교의 공식적인 다양한 행사에서도 충분히 사용될 수 있다.

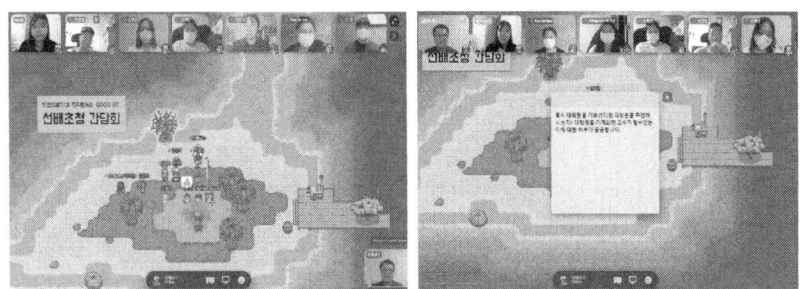

[그림 1-9] 게더타운에서 직무 동아리 활동하는 모습

### (2) 스팟

스팟(Spot, https://spot.xyz/)은 더 직관적이고 효과적인 의사소통을 목표로 하고 있으며 3차원 기반으로 입체적 공간을 경험할 수 있고, 아바타의 이동이 매우 자유롭다. 메타버스의 가장 큰 특징은 나 자신을 대변하는 아바타가 있어 자신을 대신해서 가상공간에서 활동하고 다양한 체험을 하는 것으로 스팟은 외형부터 옷, 컬러 등 수백만 가지 조합으로 자기 자신을 독특하고 개성 있게 표현할 수 있다.

[그림 1-10] 스팟에서 아바타 꾸미기

많은 메타버스 플랫폼들의 문제점으로 제기되는 부분은 바로 소통이다. 디지털 공간이기에 오프라인처럼 소통이 잘 안된다거나 어려운 부분이 있다. 보통 2D 메타버스 플랫폼의 경우 사람은 많이 들어왔는데 상단에 웹캠 화상 화면은 몇 개밖에 나오지 않는다. 3D 메타버스 플랫폼들은 아예 웹캠 비디오를 지원하지 않는 경우가 많고, 누가 말하는지 직접 보고 이야기할 수 없으므로 누가 말하는지 물어보거나 아예 웹캠을 꺼두는 경우도 많다.

그에 반해 스팟의 경우 1)웹캠을 켜면 아바타 위에 동그랗게 자신의 웹캠 화상 화면이 나온다. 30명이든 50명이든 웹캠을 켜면 해당 캐릭터가 누구인지 또는 어디에서 대화하는지 상대가 누구인지 현실과 같이 직관적인 소통이 가능해 좀 더 원활하게 대화가 성립된다. 물론 ZOOM처럼 화상대화 모드를 원클릭 전환하여 활용할 수 있으며 이는 특히 화면이 작은 스마트폰 같은 모바일에서 많은 도움이 된다.

[그림 1-11] 스팟 웹캠 모습

스팟은 설치가 필요 없는 웹으로 사용할 수 있는 3D 메타버스로 스마트폰, 태블릿 PC, 노트북, 데스크톱 등으로 접속 및 활용할 수 있다. 또한 키보드가 별도로 필요하지 않기 때문에 마우스 또는 모바일의 경우 터치만으로도 조작할 수 있다. 물론 키보드가 있다면 익숙한 게임과 같은 조작으로도 활용할 수 있다. UI도 매우 간단하며 ZOOM이나 타 메타버스와 유사하기에 몇 번 조작만으로 쉽게 익숙해질 수 있다.

또한, 원하는 장소를 한번 클릭으로 이동 및 순간이동이 가능하여 타 메타버스처럼 이동에 시간이 소모되지 않으며 포탈을 찾으려 헤맬 필요가 없다. 해당 공간이 어디이고 자신이 어디에 있는지 직관적으로 파악할 수 있어 요즘 메타버스에서 길을 찾다가 잃어버리는 경우는 거의 없다고 볼 수 있다.

---

1) 라이프스킬즈, 이동호 대표, (2022)

장소 찾기나 이동에 대한 소모 시간이 없으니 수업이나 행사에 좀 더 집중할 수 있고, 더 원활한 진행을 할 수 있다.

[그림 1-12] 다양한 장비에서 활용할 수 있는 스팟

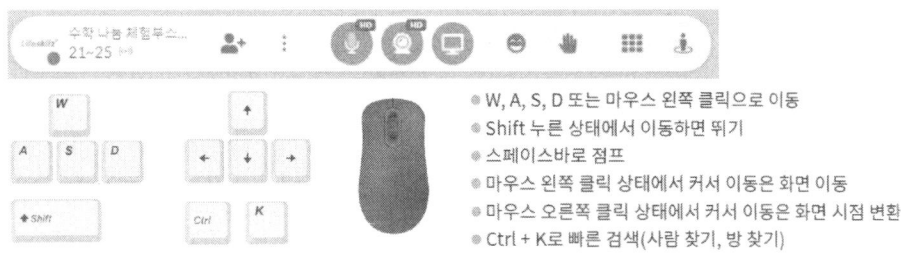

[그림 1-13] 스팟에서 마우스 조작법

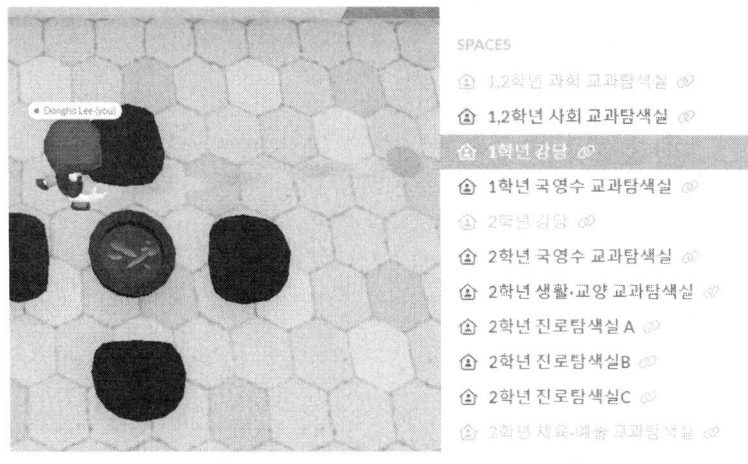

[그림 1-14] 쉽게 이동할 수 있는 UI

[그림 1-15] 스팟에서 활동하는 모습

[그림 1-16]은 스팟에서 오리엔테이션을 실시한 수업사례이다. 먼저 자리 배치는 편안하게 원형의 탁자로 배치하였고 벽면에는 학기 중 반드시 숙지해야 할 규정이나 수업 규칙을 붙였다. 수업계획서를 쉽게 이해할 수 있도록 영상으로 제작하여 원할 때 시청할 수 있도록 스크린을 설치해 놓았으며, 한쪽 벽면에는 수업에 대해 궁금한 것들을 편하게 익명으로 질문할 수 있도록 접착형 메모(일명 포스트잇)를 붙여놓았다.

스팟의 장점 중 하나는 스크린에 모니터 화면, 사이트 화면, 카메라 화면, 유튜브 영상 등 다양한 요소를 공유할 수 있다는 점이다. 이런 기능만 사용해도 기본적인 화상회의형 프로그램을 사용한 수업은 쉽게 진행할 수 있다.

 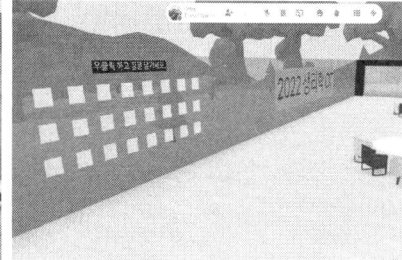

[그림 1-16] 스팟에서 진행한 오리엔테이션 수업

[그림 1-17]은 퀴즈 활동을 진행하는 화면이다. 온라인 퀴즈 프로그램은 카훗(kahoot), 퀴지즈(quizizz), 소크라티브(socrative), 퀴즈앤(quizn) 등 매우 다양하다. 미리 퀴즈를 만들어 놓고 화면공유나 사이트 공유를 통해 학습자들과 퀴즈를 푸는 것이다.

실제 앞쪽의 대형 스크린에 퀴즈를 공유하면 실제 오프라인에서 퀴즈 활동을 진행하는 것과 거의 같은 형태의 활동이 가능하다. 또한, 크로스 퍼즐을 만들어 화면에 공유하면 수업과 관련된 용어를 가로세로 형태로 찾는 퀴즈를 함께 풀 수도 있다.

[그림 1-17] 퀴즈앤(quizn) 활용한 퀴즈 활동

[그림 1-18]은 조별 활동을 진행하는 화면이다. 스팟도 게더타운과 마찬가지로 같은 공간, 즉 같은 방에 있는 아바타끼리만 소통할 수 있다. 다른 조의 소음이나 관여 등에 영향받지 않고 몰입하여 조별 활동이 가능한 것이다. 특히, 각 조의 공간에 스크린을 설치하고 조별로 각각의 활동을 공유해 놓으면 조별로 교수자가 제공하는 활동을, 협업을 통해 해결할 수 있다.

독립된 공간과 공간별로 배치된 스크린과 활동의 연결은 스팟에서의 조별 활동에 매우 큰 장점이 되며 재미있는 점이다. 방마다 콘텐츠에 맞게 구성할 수 있어 과학실에는 과학 기반 콘텐츠들을 배치할 수 있고 토론실에는 학생들이 토론할 수 있는 공간을 구성할 수 있다. 또한, 스페이스 편집 기능이 내장되어 있어 공간을 만들거나 오브젝트를 바꾸는 것을 다른 도구 없이 쉽게 할 수 있다.

[그림 1-18] 스팟에서 진행한 조별 활동

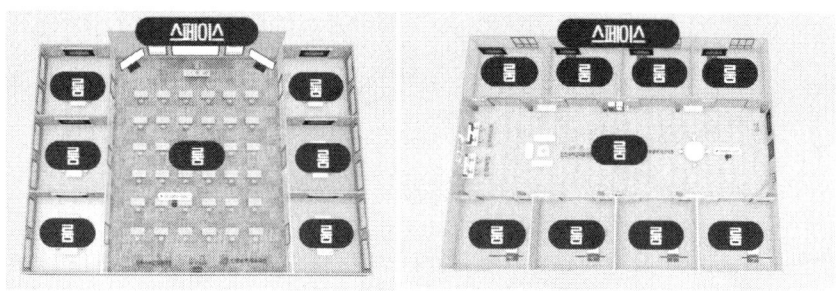

[그림 1-19] 스팟의 공간구성

스팟은 타 메타버스와 다르게 매우 강력한 권한 설정이 있다. 학교 수업의 경우 학생 권한, 선생님 권한, 부장 선생님 권한, 관리자 권한 등으로 구성할 수 있고 필요에 따라 이러한 권한 구성 레벨을 여러 개 또는 간단하게 2~3개로도 구성할 수 있다.

예를 들어 학생 권한에는 세부 설정에서 화면공유나, 메시지 입력, 특정 공간 진입 금지 등을 할 수 있으며, 선생님 권한은 디스플레이에 콘텐츠 수정 권한, 학생 통제 권한 등을 부여할 수 있고, 관리자 권한에는 스페이스를 수정하는 권한을 줄 수 있다. 이러한 세부적인 권한 설정을 통해 수업이나 업무, 행사를 좀 더 원활하게 진행할 수 있도록 할 수 있다.

보통 메타버스의 경우 수업이나 행사 때 특정 시간에 웹캠이나 마이크 또는 이동에 대한 통제가 되지 않아 진행에 어려움을 겪는 경우가 많다. 이럴 때 발표 모드라는 것을 통해 권한 높은 사용자가 마이크와 웹캠을 일괄적으로 끌 수 있다.

또한, 소환 기능은 특정 참여자를 해당 공간으로 불러오거나 보낼 수 있다. 상담 시간이 되어도 오지 않거나 수업을 원활하게 진행하기 위해 유용한 기능이다. 방 잠그기 기능은 1:1 상담하거나 조별 활동할 때 해당 방을 잠가 외부인이 들어오지 못하게 하는 기능이다. 잠긴 방에서의 웹캠, 마이크 화면공유 등은 외부인이 볼 수 없다.

이러한 강력한 통제기능들을 잘 활용한다면 메타버스 공간에서도 오프라인 못지않게 원활한 교육, 행사, 업무를 이어갈 수 있다.

[그림 1-20] 스팟의 강력한 권한 설정 기능

　기존 공간을 대여하여 행사를 진행했을 때와 메타버스에서 행사를 진행했을 때를 비교해 보자.

　물론 모든 행사가 메타버스에서만 진행될 순 없다. 오프라인에서 해야만 하는 행사가 있으며 자주 열리는 행사나, 오프라인으로 진행하기엔 부담스럽고 진행하기엔 조금 번거로운 행사도 있다.

　메타버스에서 진행하면 사전 준비 시간이 거의 필요 없고, 공간 세팅을 위해 대여나 기타 준비물이 필요하지 않다. 또한, 인쇄물이 필요가 없다. 안내문이나 자료는 PDF로 탑재하면 되며, 방명록이나 기타 설문조사도 한번 클릭으로 접근할 수 있고 기록을 일괄 엑셀로 출력하는 것도 누가 참석했는지 파악할 수 있다.

　환경적인 측면에서 본다면 인쇄물이 없고, 오프라인이 아니기에 차량을 이용하지 않아 친환경적이다. 참석한 사람들 측면에서 보면 나갈 준비나 이동 준비하지 않아도 되기 때문에 시간도 아낄 수 있다.

　꼭 오프라인으로 진행해야 하는 행사 같은 경우는 오프라인과 메타버스를 연계하여 오프라인 참석이 어려울 때 모바일로 간단하게 참석하여 행사가 원활하고 더욱 활발하게 진행할 수 있게 보조할 수도 있다.

학교에서는 과학 수업이나 모둠활동으로 활용하고 있으며 강의실, 강당, 과학실, 로비 등으로 구성되어 있다. 고등학교에서는 고교학점제를 대비하여 교육과정 박람회를 메타버스에서 진행했다. 해당 지역 여러 학교에 있는 각 교과 분야별 선생님이 오프라인으로 진행했으며 직접 학교에 찾아가 며칠에 걸쳐 상담 및 설명을 진행했어야 했는데, 메타버스에서는 하루 만에 원활하게 진행되었다. 각 공간에 교과별 선생님이 있고 학생들이 조를 이루어 시간대별로 상담받는 형식이었다. 또한, 여러 교과별 방이 있는데 교과별 콘텐츠 및 Q&A 등이 탑재되어 있어 상담 전에 기다리며 보거나 궁금한 것들이 있다면 직접 찾아볼 수 있다.

교육청에서는 수학 콘텐츠를 탑재하여 플립러닝이나 복습을 할 수 있게 구성되어 있으며, 수학 관련 발표 공간, 일반 및 모둠학습 공간, 수학 상담 공간, 학생들의 수학 작품 전시 공간, 축제를 위한 공간 등으로 구성되어 있다. 오프라인에서 하기 힘든 활동을 메타버스에서 진행할 수 있게 구성하였으며, 학교에서 신청하면 지정된 인원이 만들어진 공간을 대여하여 사용할 수 있게끔 구성되어 있다.

스마트워크 형태로 재택근무를 하거나 다른 공간에서 떨어져서 근무하더라도 메타버스 공간에 모여 업무 진행 상황을 알리거나, 아이디어 회의, 더 나은 소통 용도로 활용하고 있다. 내부에는 패들릿(Padlet), 구글 워크스페이스(Google Workspace) 등을 탑재하여 대시보드로서 실시간 파악기 쉽게 구성하였다. 또한 손님과 미팅이 있다면 해당 공간 초대하여 진행할 수 있다.

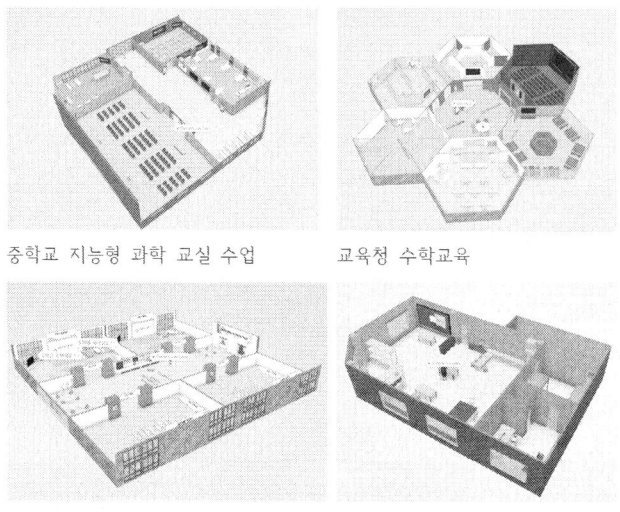

중학교 지능형 과학 교실 수업 　　　 교육청 수학교육

교육과정 박람회 　　　 업무 공간

[그림 1-21] 스팟의 다양한 활용 사례

### (3) 스페이셜

스페이셜(Spatial, https://spatial.io)은 3차원 기반으로 메타버스 플랫폼으로 페이스북을 운영하는 프로그램이다. 다른 3차원 플랫폼과 마찬가지로 아바타의 이동과 볼 수 있는 뷰가 매우 자유롭다. 스페이셜의 기본 기능과 수업에서의 활용방안은 스팟과 유사하다. 다만, 스페이셜의 경우 맵 템플릿에서 전시장을 선택하면 현실보다도 더 멋진 전시회를 할 수 있다는 장점이 있다. 공간과 공간을 연결하는 포털기능을 활용하면 다양한 공간을 연결하여 활용할 수도 있다.

[그림 1-22] 스페이셜에서 활동하는 모습

## 3) 활동 중심 사례와 온라인 도구

그렇다면 이러한 메타버스 플랫폼에서 실제로 어떻게 수업을 할 수 있을까? 사실 메타버스 플랫폼은 말 그대로 플랫폼이다. 즉, 수업내용이 아닌 수업환경의 개념인 것이다. 그런 의미에서 학습이 이루어질 수 있는 보조적 도구가 필요하다. 온라인상에서 활용할 수 있는 다양한 소통과 협업의 도구, 즉 소위 말하는 에듀테크 도구들을 수업 설계에 맞게 어떻게 사용이 되는 사례 중심으로 살펴보자.

### (1) 화이트보드형 협업 도구

활동 중심 수업에서는 학습자의 자율성과 상호작용이 중요하게 다루어진다. 온라인 화이트보드는 이러한 학습자의 자율성과 교수자-학습자 간 혹은 학습자 간의 상호작용을 촉진하는 데 매우 유용하다.

온라인 화이트보드는 교수자와 학습자가 인터넷을 통해 실시간으로 글을 쓰거나 그림을 그리고 학생과 소통할 수 있는 학습 공간을 뜻한다. 즉, 온라인상에서 실시간으로 글을 쓰거나 메모 형태로 의견을 공유하는 등의 활동이 가능한 에듀테크 도구를 말하는데 대표적으로 패들릿(Padlet)이나 구글 잼보드(google jamboard) 등을 들 수 있다. 오프라인의 화이트보드에서도 글을 쓰거나 게재된 의견을 교수자와 학습자가 함께 보면서 의견을 나누는 활동을 할 수 있는데 이것을 온라인상에서 비대면으로 할 수 있다고 생각하면 된다.

온라인 화이트보드 플랫폼 중 하나인 알로(ALLO)는 패들릿이나 구글 잼보드 등과 기본적인 활용구조는 비슷하지만, 동영상이나 표 등을 삽입하는 등의 차별화 된 기능이 더 많다는 것이 특징이다. 알로는 텍스트 공유를 넘어, 비주얼 기반의 협업툴로서 알로를 통해 비대면 수업에서 창의적 아이디어를 공유하거나 자료를 모으는 등의 다양한 활동을 할 수 있다.

해부학 수업 중 '포스트잇 기능을 활용한 해부학 명명 활동'과 '그리기 기능을 활용한 혈관 그리기 활동'을 진행하였다. '포스트잇 기능을 활용한 해부학 명명 활동'은 [그림 1-23]의 왼쪽과 같은데, 특정 해부학 부위(여기에서는 뇌의 구조)의 그림 위에 포스트잇과 같은 빈 스티커 메모를 부착해 학습자가 직접 이름이나 기능을 써넣어 보는 활동으로, 단순히 명칭을 외우는 것을 넘어 해부학 구조의 해당 부위를 매칭하는 학습하는 효과가 있다.

또한 '그리기 기능을 활용한 혈관 그리기 활동'은 [그림 1-23]의 오른쪽과 같은데, 혈관 일부를 바탕에 그려두고 이어지는 혈관들을 연결해서 그리는 활동으로, 이미 완성된 형태의 혈관 그림에 명칭만 외우는 활동보다 구조와 명칭을 모두 확실하게 학습하는 효과를 본다. 비대면 수업이라고 해서 교재의 그림을 화면 공유한 상태로 설명하는 것 보다, 학습자가 직접 명칭을 넣거나 그림을 그려 내용을 완성해 나가는 활동이 더욱 학습자 중심적인 수업이라고 할 수 있다.

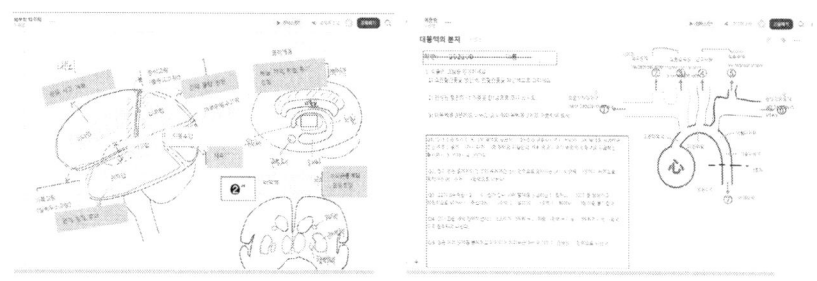

[그림 1-23] 알로 기능을 활용한 온라인 활동

## (2) 퍼즐 활동

활동 중심 수업에서 상호작용은 중요한 부분을 차지한다. 상호작용에는 의사소통과 더불어 적절한 협업 활동도 포함될 수 있다. 협업 활동은 오프라인에서 더욱 활성화 될 수 있으나 에듀테크 도구의 도움을 받으면 온라인 비대면 상황에서도 충분히 적용 될 수 있다. 퍼즐 활동의 경우, 팀별로 진행된다면 학습자의 협업 활동에 좋은 도구가 될 수 있다. 온라인으로 퍼즐 활동을 할 수 있는 도구로 온라인 타르시아(online tarsia)가 있다. 온라인 타르시아 이전에 타르시아(tarsia)라는 프로그램이 있어서 프로그램상에서 퍼즐을 제작할 수는 있었지만, 학습자가 퍼즐을 풀 때는 결국 프린트해 오프라인에서만 가능한 상황이다.

온라인 타르시아의 경우, 교수자가 온라인상에서 퍼즐을 제작하고 학습자 또한 온라인상에서 퍼즐을 풀 수 있는 웹 기반 프로그램이다. 개인이 제작한 프로그램인 만큼 기존의 업체에서 제작한 프로그램에 비해 퍼즐을 제작하거나 풀 때, 몇 단계를 거쳐야 한다는 단점은 있으나 오프라인이 아닌 온라인에서 진행할 수 있다는 매우 큰 장점이 있다. 교수자가 매칭되는 단어를 순서대로 입력함으로써 퍼즐을 제작하게 되면 학습자는 무작위로 섞인 삼각형 또는 사각형 모양의 퍼즐조각 도형을 회전하거나 이동하면서 관련이 있는 용어끼리 연결하는 방식으로 학습을 진행하게 된다.

[그림 1-24]와 같이 해부학이나 생리학에서 관련 있는 단어를 연결하는 퍼즐 활동이 가능하다. [그림 1-24] 왼쪽은 해부학에서 해부학적 부위 명칭과 기능(여기에서는 뇌의 구조와 기능)을 연결하는 활동이고, [그림 1-24] 오른쪽은 생리학에서 호르몬의 이름과 해당 호르몬의 기능을 연결하는 활동을 한 사진이다.

이 온라인 타르시아의 경우는 암기가 필요한 항목에 사용하는 것이 적절하며 특히 의학 보건 계열의 의학용어나 어문 계열(외국어 학습 등)의 단어를 암기 및 학습하는 데 매우 유용하다.

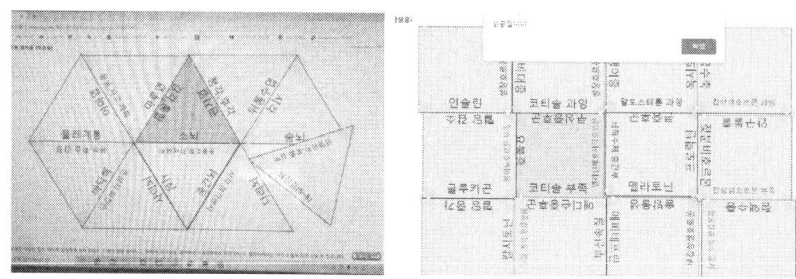

[그림 1-24] 온라인 타르시아를 활용한 퍼즐 활동

[그림 1-25]는 워드월(Wordwall, https://wordwall.net)을 활용한 퍼즐과 가로, 세로, 대각선으로 미리 숨겨놓은 단어를 크로스 퍼즐이다. 이와 같은 활동은 오프라인으로도 진행할 수 있지만 만드는 과정에서 온라인의 도움을 받아 쉽게 만들 수 있다. 오프라인 수업에서도 사용할 수 있고 메타버스 안에서도 사용할 수 있다.

특히, 이런 퍼즐 활동은 학습자들이 수업에 몰입하고 능동적으로 활동할 수 있는 좋은 매개체가 될 수 있다. 그뿐만 아니라 배웠던 학습활동을 확인하는 활동으로도 적합하다.

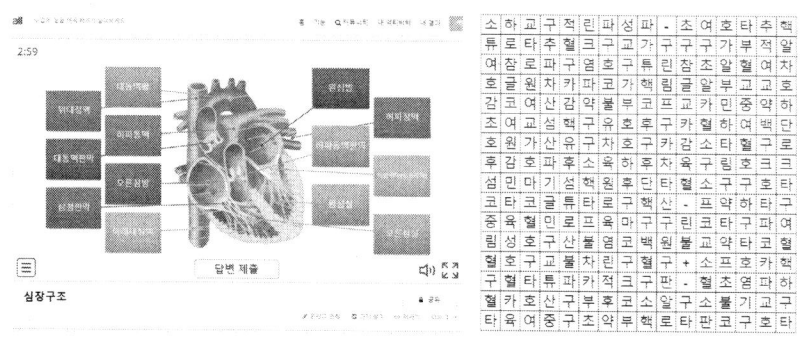

[그림 1-25] 워드월을 활용한 퍼즐 활동

### (3) 퀴즈 활동

퀴즈는 수업에서 평가로서 의미가 있다. 여기서 말하는 평가는 점수를 주기 위한 평가 수준이 아닌 현재 학습자의 이해 수준을 파악하기 위한 형성평가 개념의 평가를 의미한다. 즉, 결과(점수)를 내는데 끝나는 것이 아니라 그 결과를 바탕으로 이후의 학습에 대해 준비하고 이어가는 과정이 되어야 한다.

퀴즈앱에서의 퀴즈는 교수자가 시간을 조절하면서 진행하는 일반적인 퀴즈도 있지만, 학습자들이 미리 설계된 퀴즈를 각자 풀이하여 최종적으로 통과하는 '방 탈출 게임'도 있다.

이러한 퀴즈는 재미와 함께 학습을 유도함으로써 학습자들이 더욱 자발적으로 참여하게 되는 효과가 있다. 특히, 메타버스와 같이 아바타가 활동적으로 움직이는 경우, 방 탈출과 같은 퀴즈 형태는 더욱 시너지 효과를 나타낼 수 있다.

[그림 1-26] 퀴즈앱에서 방 탈출 게임 하는 모습

### 4) 가상현실과 교육

4차 산업혁명의 기술이 교육에까지 적용되면서 가상현실(VR)도 활발하게 적용되고 있다. 가상현실(virtual reality, VR)은 컴퓨터를 이용하여 복잡한 데이터를 조작하고, 이를 시각화하며, 현실과 가상공간이 상호작용하는 것을 뜻한다. 해부학 수업의 경우, 구조를 파악하고 이해하는 것이 중요한 학습인 만큼 시각적인 부분이 매우 중요한데 가상현실이 이에 적합한 도구로 여겨진다.

가상현실 프로그램으로 3D 오가논(3D Organon)과 쉐어케어 VR(Sharecare VR)이 있다. 3D 오가논은 해부용 시체 형태의 해부학 구조를 정적으로 관찰하면서 장기를 각각 분리하는 것이 가능하지만, 쉐어케어 VR은 동적인 생리학적 기전을 파악하는 데 매우 적합하다.

이러한 가상현실 프로그램은 교수자의 교수 중심이 아닌 학습자가 직접 착용하고 관찰함으로써 자발적인 학습은 물론 학습의 이해도를 높인다는 점에서 학습자 중심의 도구라고 할 수 있다. 학습자가 직접 착용하고 경험하는 학습도 진행해봤으나 코로나 19로 인해 비대면 수업이 진행되었을 때는 수업용 동영상을 촬영할 때 가상현실 도구와 프로그램을 활용함으로써 보다 입체적인 해부학 구조를 설명할 수 있었다.

기존의 해부학 수업인 경우, 대부분 교재의 그림을 활용해 프레젠테이션프로그램(PPT 등)으로 설명하거나 오프라인의 경우 해부모형을 사용하는 것이 대부분이었다. 특히, 비대면 상황에서는 2D 형태의 그림을 통해서만 설명하는 것이 일반적이었다.

그러나 가상현실을 사용할 경우, 입체적인 것은 물론 실제 해부용 시체를 관찰하는 듯한 몰입감과 실재감을 줄 수 있어 그림을 통해 학습할 수 없는 부분을 충분히 학습할 수 있다는 장점이 있다.

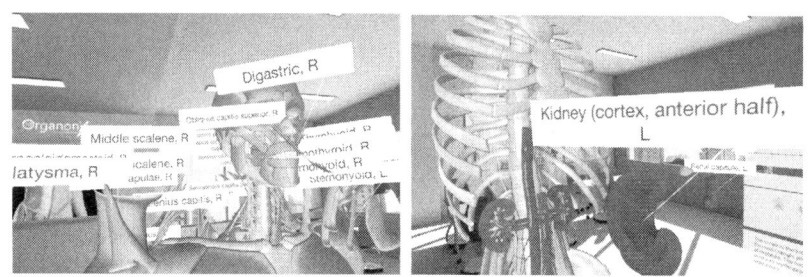

[그림 1-27] 3D Organon Anatomy 프로그램 시연 화면

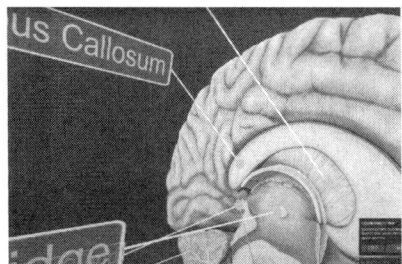

[그림 1-28] Sharecare VR 프로그램 시연 화면

지금까지 살펴본 바와 같이 메타버스를 활용한 수업을 위해서는 다양한 지식과 준비가 필요하다. 하지만 메타버스를 수업에 적용하는 데 있어 더 중요한 것은 수업 설계에 따라 메타버스의 특성을 잘 적용하는 것이다.

메타버스를 활용한 수업에 있어서 핵심 원리를 정리해보면 다음과 같다.

첫째, 메타버스 활용 수업은 아바타를 활용한 소통 중심 활동이다. 아바타는 가상공간에서 실제 사람을 대신하여 이동하기 때문에 사용자가 원하는 대로 움직이면서 다양한 아바타와 만날 수 있다. 다양한 공간에서 다양한 소그룹을 구성할 수 있으므로 모둠활동이나 토론 등의 소통이 쉽다. 메타버스를 활용한 수업에서는 이러한 특성을 적극적으로 사용할 필요가 있다.

둘째, 메타버스는 다양한 학습 도구를 모으는 플랫폼 역할을 한다. 메타버스 자체는 일종의 틀이고 어떻게 보면 오프라인 수업 설계를 그대로 온라인으로 옮기는 것이라고 볼 수 있다. 오프라인 수업에서도 학생들의 활동이나 적극적인 참여를 위해 다양한 도구를 준비한다. 메타버스에서도 온라인 퀴즈, 협업형 화이트보드, 온라인 퍼즐 등과 같은 다양한 도구가 필요하다. 메타버스 플랫폼 내에도 자체적인 기능들이 있긴 하지만 다양한 수업에서 필요한 도구를 모두 갖출 수는 없으므로 결국은 외부의 도구를 자유롭게 연결할 수 있게 하는 것만으로도 충분하다고 할 수 있다.

셋째, 활동형 수업에 적합하다. 기존에 강의식 수업을 중심으로 진행했던 교수자가 사용한다면 메타버스 안에서도 역시 강의식 수업으로 할 확률이 높다. 메타버스 내에서 강의식 수업이 불가능한 것은 아니지만 아바타들의 이동 없이 수동적으로 듣는 수업이라면 화상회의형 프로그램만으로도 충분할 수 있다. 그러므로 메타버스에서의 수업은 체험형, 활동형, 협업형이 되는 것이 효과 면에서 적합하다고 할 수 있다.

메타버스를 활용한 수업이 더욱 큰 효과를 얻기 위해서는 플랫폼과 가상현실이 접목됨으로써 실재감을 극대화할 필요가 있다. 현재에도 HMD(head mounted display)와 연결하여 가상공간 내에서 아바타들끼리 실감 나게 만나는 플랫폼들이 존재한다. 여기에서 단순히 이야기를 나눈다거나 판서 수준의 기능을 넘어 가상공간의 특성을 최대한 활용하는 수업으로 나아가야겠다.

결국 우리가 앞으로 기대해야 할 메타버스는 오프라인에 가까운 수준이 아닌 오프라인에서 불가능한, 그래서 메타버스에서만 할 수 있는 다양한 활동과 콘텐츠를 개발함으로써 수업의 큰 축으로 자리매김해야 할 것이다. 현재의 기술 발전과 더불어 꾸준한 콘텐츠 개발을 통해 실감이 나게 우주를 관찰하고, 빠르게 해외를 여행하며, 과거의 어느 중요한 순간에서 역사를 배우는 수업이 일반화되기를 기대해본다.

# 2장

## 가상 세계에서 사이버 교육의 접근법

**METAVERSE**

한국U러닝연합회

코로나19로 인해 학교에 갈 수 없는 상황에 이르러 하는 수 없이 100% 온라인으로 모든 문제를 해결해야 하기에 이번 사태를 계기로 가상공간의 메타버스 교육을 위한 여러 가지 시도가 한꺼번에 이뤄져 우리나라 이러닝의 발전을 위해서는 커다란 도약의 계기라 할 만하다.

1990년대 말부터 기존에 해왔던 비대면 온라인 학습의 장점을 살려 실시간 원격화상 수업도 곁들여 보고 또한 IT 기술을 바탕으로 메타버스 교육의 핵심기술인 증강현실 및 VR/AR 활용 수업에 관한 관심도 높아져 새로운 진화의 기틀을 마련하는 호기로 활용할 필요가 있다.

이에 가상공간의 사이버교육을 범주화시키면 크게는 실시간 원격 화상 수업, 비실시간 콘텐츠 제공 수업, 인공지능 튜터 수업, VR/AR 활용 수업으로 나뉘며 이를 한국형 사이버교육의 유형으로 삼고 다양한 수업 모델을 지속해서 개발해 더욱 풍성하게 살찌우는 계기가 되기를 바란다.

# 1. VR 활용 교육

## 가. 개요

메타버스 교육의 핵심기술의 바탕인 가상현실(VR, Virtual Reality) 콘텐츠는 정보통신기술(ICT)을 기반으로 인간의 오감을 극대화하여 실제와 유사한 경험을 제공하는 차세대 콘텐츠로 소비자와 콘텐츠의 능동적 상호작용성과 오감을 만족시키는 경험 제공, 이동성이 특징이다. 가상현실, 증강현실, 홀로그램, 오감 미디어 등이 대표적인 VR 콘텐츠의 예가 되고 있으며 특히 차세대 네트워크로 주목받고 있는 5G의 상용화와 함께 VR 콘텐츠의 대중화에 대한 기대감이 높아지고 있다.

특히, 교육 분야에서는 세계 여러 지역의 탐방, 인체 등 생체 해부, 달 탐사선 체험 등 현실 세계에서 쉽게 경험하지 못하는 일들을 VR 콘텐츠를 이용해서 상호작용과 몰입감을 높일 수 있을 것으로 기대된다.

## 나. VR 콘텐츠 관련 하드웨어

VR 콘텐츠 관련 하드웨어는 크게 3가지 군으로 나눌 수 있다. 첫째는 VR 콘텐츠를 디스플레이하고 완전한 몰입감을 제공하는 HMD, 둘째는 VR 콘텐츠에 사용자의 위치나 동작을 센싱하고 사용자의 의도를 입력할 수 있도록 해주는 상호작용 하드웨어, 그리고 마지막으로 실제 공간을 가상공간으로 만들 수 있도록 해주는 360° 촬영 장비나 3차원 측정 장비로 나눌 수 있다.

### 1) HMD

안경처럼 착용하는 모니터 HMD(Head Mounted Display)의 기술적 이슈 중에서 가장 중요한 것은 시야각이다. 시야각(FOV, Field of View)이란 사람이 볼 수 있는 상하좌우 시야의 최대 각도를 말하여 시야각 110° 내외의 HMD가 출시되고 있다.

시야각 외에도 HMD가 하드웨어로서 고려하는 기능 지표에는 양안 방식, 동공 간 거리, 해상도, 주사율이 있다.

VR 콘텐츠는 실제와 같은 공간감과 몰입감을 제공해야 하며, 이를 위해서는 왼쪽 눈과 오른쪽 눈에 각각의 시점에 맞는 영상을 디스플레이 할 수 있는 양안 방식(Stereoscopic display) 기능이 기본적으로 제공되어야 한다. 대개 HMD는 양안 디스플레이를 위해서 왼쪽 눈과 오른쪽 눈에 각각 다른 디스플레이 화면을 제공한다.

동공 간 거리(IPD, Inter-Pupillary Distance)는 양안 사이의 간격을 말하며 대개 6~8cm 정도이다. HMD의 왼쪽 눈과 오른쪽 눈 화면도 이 정도의 간격을 유지해야 하며, 많은 HMD는 사용자의 특성에 맞게 이 간격을 미세하게 조정할 수 있는 기능을 제공하고 있다.

사실적인 감각을 제공하기 위해서는 왼쪽 눈과 오른쪽 눈에 디스플레이 되는 화면의 해상도(Resolution)가 중요하다. 현재 판매되는 HMD의 제품 설명 안내서를 보면 보통 화면의 해상도(1024×768)로 표시되는 경우가 많은데, 이는 일반 PC 모니터의 제품 설명 안내서를 보는 데 익숙한 소비자를 위한 것이다. HMD의 경우는 해상도 대신 각도당 화소수(PPD, pixels per degree) 형식으로 표시하는 것이 더 적절하다. 사람 눈의 한계를 고려하면 60 pixels/degree 정도의 해상도가 되면 최상의 해상도라고 볼 수 있다. 이 해상도를 넘어가도 사람의 눈은 그 차이를 느끼지 못하기 때문이다. 현재의 HMD는 아직 이에 미치지 못한다. 예를 들어, 100°정도의 시야각을 제공하는 HMD의 경우라면, 필요한 최상의 해상도는 넓이가 6K 정도(100 degrees × 60 pixels/degrees)의 디스플레이 화면 2개가 필요하다고 볼 수 있으므로 현재보다 상당한 성능의 컴퓨터가 대중화될 필요가 있다.

PC 모니터가 사용자 눈의 피로를 줄이기 위해서 1초당 화면이 갱신되는 횟수인 주사율(Refresh rates)을 지속해서 높여 왔다. HMD의 주사율도 사용자의 편의성과 콘텐츠의 사실성을 높이기 위해서 지속해서 상승해야 할 것이다. 현재 HMD는 60Hz(초당 60회) 정도의 주사율을 제공하는데 VR 콘텐츠 시청의 편안함을 주기 위해서는 90Hz 이상의 주사율을 제공해야 하고 120Hz면 사용자 눈의 피로도를 완화하는 것으로 알려져 있다.

구동 방식에 따라 PC 기반 HMD, 모바일 기반 HMD, 일체형 HMD로 나눌 수 있다. PC 기반 HMD는 콘텐츠 재생을 컴퓨터나 게임 콘솔 같은 외부 기기에서 담당하고 HMD는 디스플레이와 사용자 움직임을 센싱하는 방식으로 오큘러스 리프트(Oculus Rift), HTC 바이브(VIVE)가 있다. 모바일 기반 HMD는 구글 카드보드나 삼성 기어 VR처럼 고성능 스마트폰을 HMD의 전면에 장착하여 콘텐츠를 재생한다.

PC 기반 HMD는 고성능의 외부 컴퓨팅 파워를 사용할 수 있다는 장점이 있으나 외부 기기와 유선으로 연결되어 있으므로 사용자의 행동에 제약이 있다는 단점이 있고, 모바일 기반 HMD는 외부와 연결된 선이 없어서 행동에 제약이 없다는 장점이 있지만 컴퓨팅 파워가 약하고 장비가 상대적으로 무거워 장시간 착용에 문제가 있으며 사용자의 머리 움직임 센싱이 느려 어지러움이 더 발생할 수 있다는 단점이 있다.

이 두 가지 방식의 장단점을 보완한 것이 일체형 HMD다. HMD 시장에서 경쟁하던 오큘러스(Oculus)와 바이브(VIVE)는 2018년 오큘러스 고(Oculus Go), 바이브 포커스(VIVE Focus)를 출시했다. 2020년 출시 된 오큘러스 퀘스트 2(메타 퀘스트 2, Quest)는 퀄컴(Qualcomm)의 XR2 칩세트(chipset)를 적용하여 성능과 해상도를 높였으며 일체형 장비이지만 컴퓨터에 무선 연결해 PC 기반 VR 장비로도 활용할 수 있다.

2021년 출시된 바이브 포커스 3(Focus)은 최고 사양에 해당하는 5K 해상도와 90Hz 주사율, 120° 시야각을 제공하며 150mm의 안면부 디자인으로 큰 사이즈 안경까지 커버할 수 있다. 듀얼 드라이버 지향성 스피커 2개로 고음질을 제공하고 노이즈 캔슬링 기능의 듀얼 마이크를 적용하여 소리가 밖으로 새어 나가지 않도록 하였다.

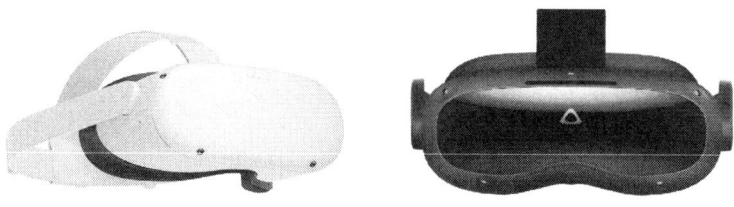

[그림 2-1] 일체형 HMD

 모든 HMD 개발사들은 시야각, 해상도, 주사율을 높이고 기기의 경량화에 힘을 쏟고 있다. 시야각, 해상도, 주사율은 사용자에게 높은 현실감과 사실성을 전달하는 데에 가장 중요한 요소이기 때문이다. HMD의 시야각이 넓어지고 해상도가 커지며 주사율이 높아지면 이에 맞추어 업그레이드되어야 하는 부분이 바로 VR 콘텐츠를 재생하는 계산능력(processing power)이다. 사실적 콘텐츠 재생이 가능한 해상도가 양 눈에 각각 6K, 주사율 90Hz라고 가정한다고 해도 일반 PC에서 6K 모니터 2대를 동시에 초당 90프레임을 그려내야 하는 컴퓨팅 파워가 필요한 것이다. 따라서 VR 콘텐츠 산업이 발달하기 위해서는 위와 같은 성능을 가지는 컴퓨터와 디스플레이 기술이 좀 더 대중화될 필요가 있다.

## 2) 상호작용 하드웨어

 실공간의 물체와 사용자에 대한 가상공간 정합에서 가장 중요한 것은 물체나 사람의 위치와 자세(orientation)를 알아내는 것이다. 실공간에서 물체의 위치와 자세를 알게 되면 이를 가상공간의 특정 위치에 맞추어 해당 물체에 해당하는 가상 물체에 대해 같은 자세로 표시하면 되기 때문이다. 또한, 이와 같은 위치와 자세 파악은 실시간으로 이루어져야 한다. 그래야지만 해당 물체가 가상공간에서도 실공간과 같게 움직일 수 있도록 만들 수 있기 때문이다.

### (1) Optical 방식

광학(Optical) 방식은 주로 어떤 마커(marker)를 추적하고자 하는 물체나 사람에 부착한 후, 해당 물체나 사람을 하나 또는 여러 대의 카메라로 촬영하여, 해당 물체에 부착된 마커를 실시간으로 찾아내고, 이 마커 위치 정보를 이용하여 해당 물체의 3차원 위치와 자세 정보를 계산해 내는 방식이다. 위치와 자세 추적의 정확도는 일반적으로 마커의 개수, 위치, 마커의 배치 방법 등에 따라서 결정된다.

HMD에서 광학 센서(Optical sensor)를 보면 Oculus의 경우는 HMD 전면에 적외선 LED marker가 숨겨져 있다. 전면에 있는 위치 추적 카메라(positional tracker camera)는 적외선 필터를 장착한 단순한 웹 카메라인데, 이 카메라는 HMD 전면에 있는 적외선 마커의 위치를 추적하여 착용자의 위치를 파악하고 있다. 이와 같은 적외선 LED 마커는 적외선 카메라로 비교적 쉽게 추적할 수 있는데, 추적하는 알고리즘과 LED 광원을 사용하여 추적(tracking) 장비를 제작하는 방법들은 인터넷에 모두 공개되어 있다.

HTC VIVE에서는 사용자가 위치한 공간에 적외선 장비를 설치하고, HMD 전면에 장착된 레이저 센서(laser sensor)가 적외선을 인지하여 적외선 장비 설치 지점을 기준으로 사용자의 위치와 방향을 파악하는 방식이다.

[그림 2-2] Oculus와 HTC VIVE의 광학 센서

### (2) Depth Map 방식

Xbox 360 키넥트(Kinect)는 컨트롤러를 사용하지 않고 센서 앞에 다가서기만 하면 사용자를 인식하고 동작에 반응하는 시스템이다. 키넥트는 내장된 적외선 광원이 전방으로 특정 패턴의 적외선을 방사하고 이 빛이 정방 물체들에 투영되는 패턴

을 파악하여 거리를 계산하는 방식을 사용한다. 이외에 다양한 방법으로 depth 인지 기능의 장비들이 만들어지고 있는데, 이들 장비는 대부분 촬영된 depth 값이 포함된 영상에서 관심 있는 영역을 분리한 후, 이를 해석하여 촬영 물체의 위칫값과 자세값을 찾아내는 방식을 사용한다.

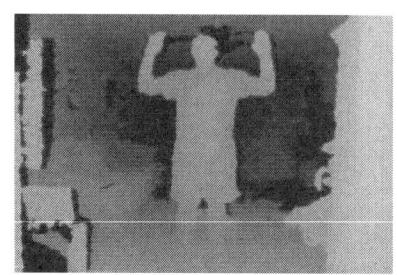

[그림 2-3] 키넥트 장비와 촬영된 Depth Map

### (3) 고정형 장비 활용 방식

실공간과 가상공간의 정합을 위해서 복잡한 센서를 사용하는 대신, 고정형 VR 장비를 실공간에 설치하고 사용자를 해당 장비 내에서만 움직이게 하여, 원천적으로 실공간과 가상공간 정합 문제가 없도록 하는 방법도 가능하다. 이런 장비는 기본적으로 트레드밀(treadmill)과 같은 가상공간 이동 수단이나 손으로 조작할 수 있는 컨트롤러가 함께 제공되는 것이 보통이다.

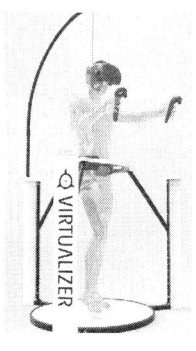

[그림 2-4] 가상공간 이동 장비

### (4) Grip Controller 방식

실공간과 가상공간의 정합을 위해서, 사용자 몸 전체의 위치와 자세를 파악하기보다는 손의 위치와 움직임만을 파악하고 이 정보를 이용하여 사용자 몸 전체의 위치나 방향을 유추하는 방식을 사용하기도 한다. 이런 장비는 복잡한 센서 장비 설치나 세트업 없이 간단한 장비만으로 사용자의 위치 추적이 가능하다는 장점이 있다. 이와 같은 장비는 기본적으로 버튼 등으로 가상공간 내에서 가상 물체를 조작할 수 있도록 하는 컨트롤러 기능을 함께 제공하는 것이 보통이다.

  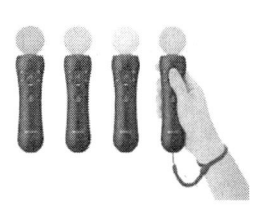

[그림 2-5] Grip Controller
(Oculus(meta) Quest touch, Nintendo Switch Joy con, Playstation Move Controller)

### (5) 기타 방식

가상공간을 활용한 콘텐츠 개발에서 가장 중요한 요소 중의 하나가 실공간 사용자의 손 위치나 제스처를 파악하는 것이다. 손동작은 사용자의 위치나 자세를 파악하는 데 있어서 중요할 뿐 아니라 사용자의 의도를 전달하는 핵심적인 수단이기 때문이다. 이에 VR 관련 센서나 주변 기기 가운데 손과 관련된 장비가 가장 많다. 이들 장비를 이용해서 사용자의 위치와 자세를 추측함으로써 실공간과 가상공간의 정합 도구로써 사용할 수 있다.

Data Glove는 주로 실제 장갑에 관성(inertial) 센서와 같은 센서를 장착하여 손의 위치나 모양을 센싱하는 장비이다.

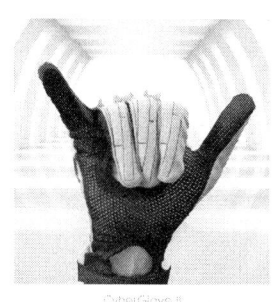 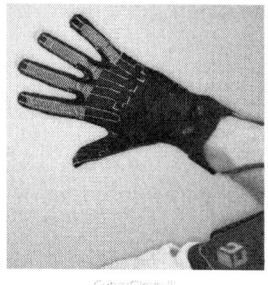 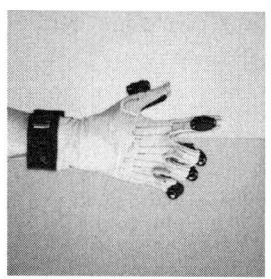

[그림 2-6] Data Glove

## (6) 위치/동작 센싱 기술 발전 방향

 VR 같은 VR 콘텐츠의 경우, 가장 중요한 요소는 바로 위치의 실시간 추적이다. 자세 추적의 경우 자이로스코프(gyroscope) 센서가 비교적 정확하게 물체나 사람의 방향을 추적할 수 있는데 반해서, 위치 추적은 그렇지 못하기 때문이다. 절대 위치를 추적하기 위해서 많이 사용하는 광학식 장비는 많은 카메라와 거추장스러운 마커가 필요하고, Oculus Rift가 사용하는 LED 광원을 추적하는 장비나 Kinect 같은 장비는 사용자가 정면만을 바라봐야 하는 문제점을 가지고 있다.

 또한 관성(inertial) 센서가 사용하는 가속도계(accelerometer)는 절대 위치를 찾지 못하고 상대 위치를 계산하는 데다가 그마저도 에러가 발생할 확률이 많은 문제가 있다. 따라서 종종 하나의 센서 기술을 사용하여 위치를 추적하기보다는 복수의 기술을 혼합하여 사용하는 것이 더 정확한 결과를 얻는다. 예를 들어, 절대 위치를 찾는 데에 약점이 있는 관성 센서와 마커가 가려졌을 때 위치 추적에 에러를 자주 발생하는 광학식 센서를 같이 사용할 수 있다면 다음과 같은 서로의 보완 작용을 통하여 좋은 위치 추적 결과를 얻을 수 있다.

 마커가 가려져서 광학식 장비가 제대로 위치 추적을 하지 못하게 된다면, 마커가 다시 보일 때까지 관성 센서로 위치 추적을 진행한다. 마커가 다시 보일 때까지의 짧은 시간에만 위치 추적을 하므로 에러 누적이 크지 않다.

 광학식 장비가 제대로 위치 추적을 진행하고 있을 때도 관성 센서는 도움이 된다. 관성 센서의 센싱 속도는 광학식 장비보다 훨씬 빠르므로 광학식 장비의 센싱 결과가 나오는 프레임의 중간 프레임(in-between) 위치 정보는 관성 센서의 값을 사용함으로써 광학식 센서보다 더욱 고속(high frequency)의 위치 추적이 가능하게 된다.

이상과 같이 보았을 때, 한가지의 센서 기술을 사용하는 것보다 복수의 센서 기술을 사용하는 것이 좀 더 안정적이고 정확한 위치 추적에 유리하다. 만약에 어떠한 위치 센서 기술이나 솔루션을 개발하였다면 개발된 센서만의 결과만을 이용하는 것이 아니라 다른 VR 장비에 기본적으로 탑재된 센서의 결과와 혼용하거나 상호 보완하는 방식으로 함께 사용하는 것이 유리할 것이다. 예를 들어, VR 콘텐츠에 자주 사용되는 HMD에는 대개 관성 센싱 기능을 탑재하고 있으므로 이들 센싱 정보도 함께 사용하는 것이 실공간과 가상공간을 정합하는 데에 더 유리할 것이다.

### 3) VR 콘텐츠 제작 솔루션

VR 콘텐츠의 제작 방식은 크게 두 가지로 나누어 볼 수 있다. 하나는 실제 장소나 물체를 360° 전방위로 촬영하여 콘텐츠를 구성하는 '360 콘텐츠'이고, 다른 하나는 3D 컴퓨터 그래픽 기술을 이용하여 만들어진 'CG 콘텐츠'이다.

#### (1) 360° 촬영 기반 콘텐츠

일반적으로 촬영 기반의 VR 콘텐츠는 콘텐츠화하기를 원하는 사물이나 장소를 360° 촬영하여 제작하는 것이 일반적이다. 이런 콘텐츠의 제작과정은 촬영과 촬영본을 이어 붙이는 스티치(Stitch) 두 단계를 거친다.

먼저 일반 카메라를 원형으로 배치하여 카메라 위치한 곳을 기점으로 한 360° 전 영역을 촬영한다. 카메라는 인접한 카메라의 촬영 영역을 서로 겹치도록 하여 스티칭(stitching) 작업이 쉽게 되도록 하는 것이 일반적이다. 촬영에 사용되는 개별 카메라가 어떤 것이냐에 따라 다양한 제품이 있으며, 고프로(GoPro) 카메라처럼 소형의 카메라를 여러 개 장착할 수 있는 360° 촬영용 리그(rig, 카메라 받침대)도 있다. 고화질의 카메라이면서도 렌즈의 크기가 작은 것이 효과적이며, 촬영각이 큰 카메라를 사용하는 것이 카메라의 개수를 줄일 수 있다.

스티치(Stitch) 작업은 복수의 카메라로부터 촬영된 영상을 하나의 고해상도 파노라마 영상으로 만드는 작업이다. 각 카메라 렌즈의 광학성 특성 차이와 렌즈 왜곡 등으로 촬영 영상의 접점을 찾기가 쉽지 않으며, 촬영 영상 간의 색상 차이도 존재한다. 촬영된 영상 간의 시간일치성(싱크, sync)을 맞추는 것도 쉽지 않다. 이런 세밀한 기술적 난제를 해결하면서 빠르게 스티칭 작업을 할 수 있도록 해주는 소프트웨어가 꼭 필요하다.

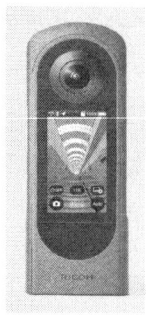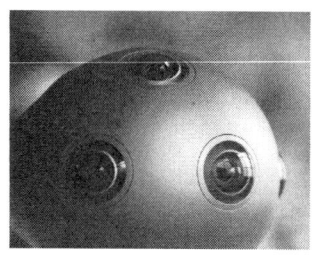

[그림 2-7] 360° 촬영 카메라

360° 카메라로 촬영된 영상은 내장된 각각의 카메라 또는 렌즈로 촬영된 독립된 영상에 지나지 않는다. 따라서 이들 촬영 영상을 사용하여 사실적인 360° VR 콘텐츠로 만들 수 있도록 해주는 소프트웨어가 꼭 필요하다.

이런 소프트웨어가 해주는 주된 일은 촬영된 영상을 스티칭(stitching)하고 겹치는 면을 블렌딩(blending)하여 흠 없는(seamless) 360° 영상을 만드는 것이다. 전문 소프트웨어가 없어도 360° 카메라에 부가된 지원 소프트웨어에 이 기능들이 포함되어 있다.

### (2) CG 기반 콘텐츠

촬영 기반 VR 콘텐츠와 CG 기반 VR 콘텐츠의 가장 큰 차이는 VR 콘텐츠에서 상호작용성을 얼마나 쉽게 제공할 수 있냐는 것이라 할 수 있다. 촬영 기반의 VR 콘텐츠는 촬영을 통해 고정적으로 만들어놓은 가상공간이기 때문에 사용자와 가상공간 사이에 상호작용성을 부여하기 쉽지 않다.

또한 촬영된 피사체들이 입체성도 떨어지고 피사체들도 정해진 동작만 하므로 사용자와 상호작용적인 교류를 하는 것이 불가능하다. 그러나 CG 기반의 VR 콘텐츠는 실시간으로 영상을 만들어내는 것이기 때문에 사용자의 즉흥적인 입력에 대하여 VR 콘텐츠가 다양한 반응을 하도록 만들 수가 있다는 것이 큰 장점이다.

현재 제작되고 있는 대다수의 CG 기반 VR 콘텐츠는 게임 엔진을 사용하여 제작하고 있다. 게임 엔진은 VR 콘텐츠가 요구하는 고품질의 CG 영상과 콘텐츠에 상호작용성을 부가하기 위한 다양한 제어 방식을 제공하고 있고, 콘텐츠 제작이 빠르고 쉽게 이루어질 수 있도록 UI 등의 편이성이 이미 잘 갖추어져 있기 때문이다. 게다가 게임 엔진 개발사들이 VR의 가능성을 일찍 간파하고 발 빠르게 게임 엔진에서 HMD 등의 VR 장비를 지원할 수 있도록 업그레이드해 왔기 때문이기도 하다.

## 다. VR 활용한 교육

VR 콘텐츠는 인간의 감각기관과 인지능력을 자극하여 실제와 유사한 경험 및 감성을 느낄 수 있게 해주는 유형의 콘텐츠를 말하며, 일반적으로 가상현실(Virtual Reality), 증강현실(Augmented Reality), 혼합현실(Mixed Reality) 기술들이 활용되고 있다. 기존의 디지털 콘텐츠가 정적이면서 완성된 모습이라고 한다면, VR 콘텐츠는 콘텐츠를 매개로 사용사와 사용자 또는 사용자와 콘텐츠 긴 이루어지는 상호작용을 통해 이야기를 전개해 나가는 역동적인 형태라는 점에서 큰 차이가 있다.

다양한 장점과 활용성을 가지고 있는 VR 콘텐츠는 게임, 영화를 넘어 교육 등 다양한 분야로 확대될 것이며 차세대 이러닝 기술로 크게 주목받을 것으로 예상된다. 특히, 코로나19 사태 등 학교에 갈 수 없는 상황에서 가상환경 기반의 교실 수업의 활용 가능성이 크다. 교실 수업을 완벽하게 VR로 재현해 강의하는 장면이나 또 다른 가상 캐릭터를 활용한 교육 등 여러 가지 상상력을 동원해서 굳이 학교에 가지 않고도 가상공간 속에서 수업을 할 수 있다면 온라인 수업의 연장선상에서 고민해 볼 만하다. 대신 아직도 VR을 보려면 어지러운 느낌이 들기도 하는 등 거부감도 없지 않은 만큼 기술적인 환경개선도 이뤄지면 원격수업 가능성을 더 높일 수 있을 것이다.

## 2. AR 활용 교육

### 가. 개요

메타버스 교육의 또 다른 핵심기술인 증강현실(AR, Augmented Reality)은 현실 세계에 컴퓨터 기술로 만든 가상 물체 또는 정보를 융합해서 보여주는 기술이다. 현실 세계에 실시간으로 부가 정보를 갖는 가상 세계를 더해 하나의 영상을 보여주기 때문에 혼합현실(MR, Mixed Reality)이라고도 한다.

증강현실은 컴퓨터 그래픽으로 만들어진 가상환경을 사용하지만, 실제 배경이 되는 것은 실제 현실을 바탕으로 하고 있기에 컴퓨터 그래픽은 실제 환경에 필요한 정보를 추가 제공하는 역할을 하게 된다.

가상현실(VR)은 컴퓨터 그래픽을 활용하여 현실에서 체험하지 못한 것을 가상으로 체험할 수 있도록 하는 분야인데, 실제 환경이 아니라는 점에서 현실성이 좀 떨어지지만, 증강현실(AR)은 실제 현실 환경에 가상의 그래픽이 사용되는 기술이기에 더 현실감 있는 효과와 정보를 제공할 수 있다.

[그림 2-8] 가상현실(좌)과 증강현실(우)

증강현실이 가상현실보다 현실감이 있는 이유는 증강현실은 하드웨어의 카메라를 이용하여 실제 환경을 그대로 보여주기 때문에 3D로 생성된 화면을 보는 가상현실보다는 좀 더 현실적이다.

스마트폰이 발달하면서 증강현실 관련 콘텐츠들도 급속도로 발전하게 되었는데, 교육, 게임, 방송, 광고, 건축, 설계 등 많은 분야에 증강현실 기술을 사용하고 있다.

게임으로는 "Pokémon GO"가 전 세계적으로 주 관심사가 되면서 증강현실에 대한 사람들의 관심도가 높아졌다.

[그림 2-9] Pokemon Go 실행 화면

자동차 내비게이션은 자동차의 속도, 길 안내 등 기본적인 정보를 현실 도로에 혼합해 AR 홀로그램으로 제시하여 기존보다 정확한 운행 정보를 확인할 수 있다.

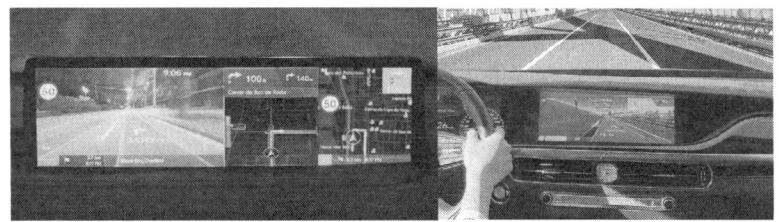

[그림 2-10] AR 내비게이션

## 나. AR 장비

AR 장비는 사용자가 현실 세계를 보는 방식에 따라 머리에 착용하는 안경형과 손에 들고 보는 스마트폰형으로 나뉜다. 안경형은 렌즈를 통해 현실 세계를 그대로 바라보고 이 렌즈에 가상의 정보를 보여주는 방식이다. 스마트폰 형태는 스마트폰 카메라가 비추는 현실 세계 이미지를 띄우는 스마트폰 화면에 가상의 정보를 덧대어 보여주는 방식이다.

## 1) 구글 글라스

구글 글라스(Google Glass)는 안경 형태로 설계된 AR HMD이다. 눈앞에 위치하는 작은 디스플레이에 정보를 표시하고 사용자는 음성 명령인 'OK Google'을 통해 기기를 동작시키고 인터넷과 통신한다. 2014년 일반에 공개한 후 2015년 산업체를 대상으로 "글라스 엔터프라이즈 에디션(GLASS ENTERPRISE EDITION 2)"을 발표했다. 기업은 구글 글라스를 사용함으로써 발생할 수 있는 오류의 양을 줄이고 기존보다 더 효율적으로 작업하여 생산성을 높이고 있다.

[그림 2-11] Google Glass

## 2) 엡손 모베리오

엡손 모베리오(EPSON MOVERIO)는 2011년 시스루 (See-through) 방식으로 제작한 양안식(Binocular) AR HMD이다. 2021년 일반 소비자 대상으로 BT-40/40S 출시하여 영화관 자막, AR 가이드 투어, 메시지 확인 등 다양하게 활용하고 있다.

  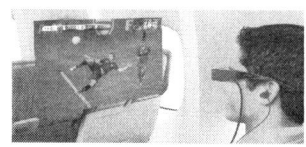

[그림 2-12] EPSON MOVERIO

## 3) 마이크로소프트 홀로렌즈

마이크로소프트 홀로렌즈(Microsoft HoloLens)는 안경화 헬멧의 중간 정도 형태로 디자인된 AR HMD이다. 현실 화면 위에 가상정보를 표시하는 수준의 증강현실과는 다르게 현실 화면에 실제 개체의 스캔 된 3D 이미지를 출력하고 자유롭게 조작할 수 있는 혼합현실(MR)을 강조하고 있다.

록히드마틴(Lockheed Martin)은 우주선 오리온(Orion)을 개발하고 있는데 홀로렌즈 2를 활용하여 8시간 교대근무로 하던 우주선 조립 시뮬레이션 작업을 45분 만에 완료할 수 있게 됐다.

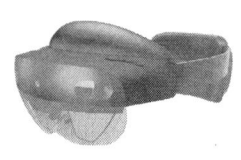

[그림 2-13] Microsoft HoloLens

## 3. 비실시간 콘텐츠 제공 수업

### 가. 사이버대학교 개요

2001년에 처음 정규 학사학위 과정으로 인정받으며 출발한 국내 사이버대학교는 2022년 기준으로 모두 21개 대학이 운영되고 있다. 사이버대학교의 발자취를 요약하면, 2001년 최초로 사이버대학교 9개교가 평생교육기관으로서 개교하였다. 그다음 해인 2002년 사이버대학 6개교가 뒤이어 개교한 바 있다. 2007년에 고등교육법 개정이 공포되고 사이버대학 종합평가를 시행하였으며, 2008년에는 고등교육기관 전환 인가를 시행하여 이를 기준으로 고등교육기관으로의 이관이 선별적으로 진행되었다. 2010년에는 사이버대학 특수대학원 최초 설치인가를 진행하여 사이버대학원이 설립되었으며, 현재 19개 사이버대학교와 2개의 원격대학형태의 평생교육시설이 운영되고 있다.

사이버대학교의 입학정원은 2001년 5,600명에서 2020년 33,945명으로 증가하였고 재학생 수는 2001년의 6,220명에서 2020년에는 118,968명으로 증가하였다. 이러한 사이버대학교 규모의 괄목할 만한 양적 성장은 국내뿐 아니라 세계적으로 한국 사이버대학교의 인지도와 위상을 높이었고 첨단 미래 교육의 대표주자로서 인정받는 상황이 도래하였다. 이러닝과 원격 교육은 세계적인 추세이며 거부할 수 없는 흐름이다. 이 가운데서 사이버대학교는 묵묵히 원격 교육의 핵심에서 그 비결을 축적하고 교육의 내용과 방법적 측면에서 미래 교육의 견인차 구실하고 있다.

국내 사이버대학교는 현재 고등교육법과 평생교육법의 하의 두 가지 형태의 학교로 분류되는데, 총 21개의 사이버대학교 중에서 19개의 사이버대학교가 고등교육법하에서 운영되고 있고 2개의 사이버대학교가 평생교육법 하에서 원격대학형태의 평생교육시설로서 운영되고 있다.

코로나19 사태로 인하여 평생교육 차원의 학생들은 줄어들고 지방대와 전문대학에 진학했던 20대 학생들이 사이버대학교로 진입하고 있다.

| 구분 | 설치주체 | | 대학명 | 사이버대학교 (최초개교) | 2020년 학생정원(명) | | 비고 (동법인학교) |
|---|---|---|---|---|---|---|---|
| | | | | | 입학정원 | 편제정원 | |
| 학사 과정 | 학교법인 | | 건양학원 | 건양사이버대학교 | 2012 | 900 | 3,000 | 건양대 |
| | | | 경희학원 | 경희사이버대학교 | 2009(2001) | 3,000 | 9,080 | 경희대 |
| | | | 고려중앙학원 | 고려사이버대학교 | 2009(2001) | 2,485 | 7,635 | 고려대 |
| | | | 광동학원 | 국제사이버대학교 | 2009(2003) | 900 | 2,880 | 군장대 |
| | | | 한문화학원 | 글로벌사이버대학교 | 2010 | 1,100 | 3,180 | 국제뇌교육 종합대학원 대학교 |
| | | | 영광학원 | 대구사이버대학교 | 2009(2002) | 1,500 | 3,860 | 대구대 |
| | | | 서울문화 예술대학교 | 디지털서울문화예술대학교 | 2010(2002) | 990 | 3,680 | - |
| | | | 동서학원 | 부산디지털대학교 | 2009(2002) | 1,000 | 2,765 | 동서대 |
| | | | 동원육영회 | 사이버한국외국어대학교 | 2009(2004) | 1,600 | 4,626 | 한국외대 |
| | | | 서울디지털 대학교 | 서울디지털대학교 | 2010(2001) | 3,000 | 10,170 | - |
| | | | 신일학원 | 서울사이버대학교 | 2009(2001) | 3,270 | 10,310 | (신일중·고) |
| | | | 대양학원 | 세종사이버대학교 | 2009(2001) | 2,180 | 6,790 | 세종대 |
| | | | 숭실사이버 대학교 | 숭실사이버대학교 | 2009(2001) | 1,650 | 4,950 | - |
| | | | 원광학원 | 원광디지털대학교 | 2009(2002) | 1,500 | 4,795 | 원광대 |
| | | | 열린학원 | 한국열린사이버대학교 | 2011(2001) | 1,000 | 3,400 | - |
| | | | 한양학원 | 한양사이버대학교 | 2009(2002) | 3,240 | 10,515 | 한양대 |
| | | | 화신학원 | 화신사이버대학교 | 2009 | 430 | 1,490 | 부산 경상대 |
| 전문 학사 과정 | 학교법인 | | 영진교육 재단 | 영진사이버대학 | 2010(2002) | 1,300 | 2,600 | 영진 전문대 |
| | | | 이후학원 | 한국복지사이버대학 | 2011 | 1,000 | 1,690 | - |
| | 총 19개교 | | | | | 32,045 | 97,416 | |

<표 2-1> 사이버대학교 현황

| 구분 | 설치주체 | | 대학명 | 사이버대학교 (최초개교) | 2020년 학생정원(명) | | 비고 (동법인학교) |
|---|---|---|---|---|---|---|---|
| | | | | | 입학정원 | 편제정원 | |
| 학사 과정 | 학교법인 | 경북학원 | 영남사이버대학교 | 2001 | 600 | 1,535 | 영남외대 |
| 전문 학사 과정 | 학교법인 | 한민족학원 | 세계사이버대학 | 2001 | 1,300 | 2,600 | (한민학교) |
| 총 2개교 | | | | | 1,900 | 4,135 | |

<표 2-2> 원격대학형태의 평생 교육시설 현황

| 연도 | 등록인원(명) | 연령별 등록생 분포 비율(%) | | | | | | |
|---|---|---|---|---|---|---|---|---|
| | | 10대 | 20대초 | 20대후 | 30대 | 40대 | 50대 | 60대 이상 |
| 2021 | 28,479 | 3.4 | 18.8 | 16.9 | 18.5 | 23.0 | 15.9 | 3.5 |
| 2020 | 25,568 | 3.0 | 18.7 | 15.5 | 18.8 | 23.9 | 16.7 | 3.4 |
| 2019 | 25,285 | 4.7 | 17.8 | 15.6 | 18.9 | 24.8 | 15.1 | 3.1 |
| 2018 | 25,188 | 4.4 | 19.9 | 14.8 | 19.5 | 25.7 | 13.2 | 2.5 |

<표 2-3> 연령별 등록생 분포 비율

## 나. 온택트 시대 사이버대학교

MZ세대가 많이 모여 있는 기관인 대학은 소속감과 학습력 강화, 입학식, 동아리 활동 지원, 축제 개최, 도서관 개관 등 오프라인에서의 경험을 온라인을 통해서도 실감할 수 있도록 메타버스 플랫폼을 활용하고 있다. 학생들도 아바타를 꾸며 개성을 표출하며 코로나19 대응하여 다양한 행사를 진행했다.

### 1) 메타버스 플랫폼 활용 사례

● 순천향대학교 - 학과 점퍼 입은 아바타, 친구들과 만났어요

2021년 3월, SKT "점프VR" 플랫폼과 협력하여 세계 최초로 가상입학식을 개최했다. 순천향대학교 대운동장을 메타버스 맵으로 구현하고 학교 맞춤 아바타 의상도 제공했다.
약 2,500명의 신입생이 모두 입학식에 참여할 수 있도록 57개 학과를 기준으로 150여 개의 방을 개설했다.

- 건국대학교 - 온라인 예술제(KON-TACT) 개최

  2021년 5월, 플레이파크와 협력하여 3일간 국내 최초로 메타버스 예술제 "컨택트 예술제(KON-TACT)"를 개최했다.
  약 1,000명의 학우를 수용할 수 있으며, 건국대학교 실제 캠퍼스를 고그래픽으로 구현하여 다양한 콘텐츠를 제공했다.

- 숭실대학교 - 온라인 축제(SSU:WITCH ON) 개최

  2021년 5월, 기존에 ZOOM으로 진행하던 학교 행사를 게더타운을 활용해 온라인 봄축제 "SSU:WITCH ON"을 개최했다. 단과대학과 동아리가 만든 부스를 방문하여 활동 정보, 사진을 찾아보고 동아리 공연도 구경하며 YouTube 실시간 중계를 통해 소통하며 신선하고 재미있는 축제가 되었다.

- 연세대학교 - 동아리 박람회(모여봐요 동박타운) 개최

  게더타운을 활용해 동아리 박람회 "모여봐요 동박타운"을 개최했다. 93개 동아리가 이곳에서 영상, 글 등으로 동아리를 홍보했다. "재미없다는 한계를 극복하기 위해 게더타운을 활용했다", "코로나19로 인해 학교를 방문하지 못하는 학생들에게 학교를 간접적으로나마 체험시켜주고 싶었다", "온라인에서는 동영상, 사진 등을 편하게 공유할 수 있어 좋았다", "소심한 성격이라 대면 박람회는 잘 참여하지 않았는데 온라인 박람회는 편하게 구경할 수 있어 좋았다"라며 정보전달과 소통 기능이 잘 활용된 박람회가 되었다.

- 한성대학교 - 가상도서관

  학술정보관의 모습을 그대로 담아낸 '한성대, 북(Book), 유니버스(Universe)'의 합성어 "한성 북니버스"를 개관했다.
  제페토에 접속해 사서와 실시간 채팅하며 자료실과 열람실 등 도서관 탐방하고 보물찾기, 도서관 대탈출, 상상독서 인증샷 등 다양한 게임을 할 수 있다. "메타버스 도서관이 평소 이용하던 학술정보관의 모습과 같아서 놀랐다", "앞으로 자주 방문해 유익한 정보를 얻을 것이다", "MZ세대 학생들과 소통할 수 있는 새로운 서비스를 마련돼 기쁘다"

- 영남대학교 - 지식과 문화 공유의 장, 다양한 행사와 추억들

  마인크래프트 서버팀 YUMC 게임 플랫폼 활용하여 캠퍼스를 구축했다. 학생들의 생일파티, 군대 송별 행사, 추석 맞이 합동 제례, 크리스마스 파티, 신년 해맞이 행사, 온라인 입학식과 졸업식, 방송국 등 소통과 만남이 가상공간에서 이루어진다. 또한, 가상도서관에는 학생들의 지식과 정보가 공유되어 400권이 넘는 가상의 책이 있다.

## 2) 메타버스 플랫폼 현황 분석

메타버스 플랫폼은 생활과 소통의 공간으로 확대되고 가상과 현실의 융합으로 진화하고 있다. 로블록스와 제페토는 이용자가 가상공간에서 직접 다양한 콘텐츠를 생산하고 현실경제와 연계하여 소비하며 아바타를 활용한 생활과 상호 소통에 특화된 플랫폼은 '모여 봐요, 동물의 숲'이 있다. 세미나 발표와 회의, 자료공유를 주목적으로 하는 게더타운, 이프랜드가 있으며 포트나이트(FORTNITE)는 게임은 Battle Royal 공간에서, 소통은 Party Royal이라는 별도의 문화공간을 분리하여 제공한다.

● 세컨드 라이프

Second Life는 2003년 린든랩(Linden Lab)에서 개발하여 로블록스, 마인크래프트 등 메타버스의 원조로 손꼽히는 플랫폼이다. 아바타들이 상호 작용할 수 있도록 하는 채팅 등의 SNS를 운영하여 인기가 높았으며 미국의 여러 대학이 교육에 적극적으로 활용했다. 수업을 개설하거나 교내 행사를 열었으며 기업과 연계하여 인턴십을 진행했다. 가상 일자리 제공, 현실 세계 화폐와의 환전 시스템 도입 등 메타버스 비즈니스 모델의 원형이다.

● 로블록스

Roblox는 Robot과 Blocks을 합성한 이름으로 레고 피겨를 닮은 아바타로 가상 세계에서 다양한 콘텐츠를 즐기며 이용자가 직접 게임을 개발, 공유하여 다른 이용자와 플레이하는 플랫폼이다. 로벅스(Robux) 가상화폐를 이용하여 경제활동 및 각종 아이템이나 감정 표현 구매할 수 있으며 타인과 교류하는 장으로 활용되어 어린이, 청소년 사이에서 폭발적인 인기를 얻었다. 학생과 교사가 시간에 구애받지 않고 자유롭게 만들 수 있기 때문에 원격 교육 도구로 활용될 수 있다. 게임 중 하나인 밉시티(MeeCity)는 사용자들이 일상적 활동해 나가는 롤플레잉 게임인데 여기에서 학교는 학생들에게 등교하는 경험을 보충해주어 인기를 끌었는데 학습경험에 대한 설계가 없어 교육 효과는 높지 않다.

● 포트나이트

게임 개발사 에픽게임즈(Epicgames)가 출시한 FORTNITE는 게임 공간인 배틀 로열(Battle Royal)과 친목과 문화를 즐길 수 있는 파티 로열(Party Royal) 공간을 제공한다. 파티 로열에서는 영화 테넷(TENET)의 예고편, BTS의 Dynamite 뮤직비디오 안무 버전 등을 공개하여 가상의 게임 공간에서 영화를 보고 음악을 들으며 아바타로 또래와 소통하는 문화생활 서비스를 즐기는 게임을 넘어서 소통 플랫폼으로 받아들여지고 있다. 힙합 가수 트래비스 스콧(Travis Scott)은 가상 콘서트로 오프라인 대비 매출이 10배 늘었다고 언론에서 보도했다.

● 마인크래프트

Minecraft는 정육면체 모양의 다양한 블록을 이용하여 집을 짓고 물건을 만들고 다른 아바타와 교류하는 샌드박스(Sandbox) 게임이다.

가상 캠퍼스를 만들어 수업, 입학식, 졸업식 등을 진행한 사례가 많으며, 가상 청와대에서 어린이날 행사를 진행했다. IP (지적재산권, Intellectual Property)를 확장하여 장난감, 소설, 영화 등을 출시하고 교육용 에디션(MEE, Minecraft Education Edition)에는 클래스룸 모드, 칠판 기능, 포트폴리오 기능, 코드 빌더 등 교실 수업과 프로그래밍 교육을 위한 요소들이 추가되었다.

● 제페토

ZEPETO는 AI 기반 얼굴 인식과 AR을 이용해 나와 닮은 아바타를 만들어 가상 세계를 활동하는 플랫폼이다.

제페토 스튜디오를 통해 나만의 독창적인 패션 아이템을 만드는 걸 넘어 직접 판매까지 할 수 있다는 점이 인기를 끌고 있다.

아이돌 그룹의 콘서트, 팬 미팅 공간으로 활용 되어 미래의 핵심 콘텐츠 소비층인 MZ세대를 중심으로 글로벌 SNS의 한 장르가 되고 있다.

● 게더타운

Gather.town은 2D 가상환경을 제공한다. 다른 3D 기반 플랫폼에 비해 간단하지만, 컴퓨터에 부하를 주지 않아 속도 저하가 없어 사용자가 원활하게 이용할 수 있다.

공간을 꾸미고, 캐릭터를 만들어 상호 간의 의견과 내용 전달을 주목적으로 많이 사용한다.

아바타와 가까운 거리에 있거나 일정 방에 함께 있으며 자동으로 화면과 오디오가 활성화된다.

● 이프랜드

ifland는 SKT가 출시한 메타버스 플랫폼이다. 2020년 출시한 점프 VR은 VR 기기 사용자와 스마트폰 사용자가 함께 소통하는 플랫폼으로 대학교 입학식을 가상공간에서 진행했다. 2021년 7월 기존 점프 VR의 기능 중 모임 기능에 초점을 맞춰 화면과 동선을 개선하였다. 나만의 개성으로 꾸민 아바타가 손뼉 치거나 하트 표시 등 다양한 동작을 취할 수 있고 루프탑, 캠핑장, 공원, 도서관, 집 등 다양한 공간(land)이 있어 소규모 친밀모임은 물론 대형 행사까지 직접 설정하여 할 수 있다.

### 3) MOOC 수업 활용 사례

MOOC(Massive Open Online Courses)는 웹 서비스를 기반으로 사용자 간의 상호 참여로 교류하는 거대한 규모의 무료 교육을 의미하며, 사용자 중심의 원격 교육이 진화한 형태의 온라인 대중 공개 수업이다.

인터넷의 발달로 전 세계로 자유롭게 넘나들 수 있는 정보통신 환경 덕분에 MOOC는 저비용 혹은 무료로 세계적인 대학의 인기 강좌를 들을 수 있어 지역 간 계층 간 교육격차 해소에 이바지할 뿐만 아니라 대학 간 치열한 학생 유치 경쟁이 일고 있는 상황에서 차별화된 대학 홍보전략으로도 작용하고 있다. 한국에서는 각종 대학 평가의 지표로 강의 공개가 쓰임에 따라 MOOC가 대학 교육혁신의 핵심 전략 중 하나가 되었다.

2021년 11월 기준 전체 1,407개 강좌에서 사이버대학에서 운영하는 강좌는 42개로 전체 강좌 수의 3.0%를 차지한다.

| 대학명 | 강좌수 |
|---|---|
| 건양사이버대학교 | 5 |
| 고려사이버대학교 | 3 |
| 글로벌사이버대학교 | 1 |
| 부산디지털대학교 | 9 |
| 사이버한국외국어대학교 | 5 |
| 서울사이버대학교 | 13 |
| 세종사이버대학교 | 4 |
| 한양사이버대학교 | 2 |

<표 2-4> 사이버대학별 K-MOOC 강좌 현황 (2021.11.기준)

숙명여자대학교는 MOOC 학점인정 제도를 시행하고 있다. 계절학기 과목당 1학점으로 최대 3과목까지 MOOC 교과목으로 학점을 인정한다.

수강전 MOOC 학점인정신청서를 제출하여 학과장 승인받고 수강 완료 후 신청서, 강의계획서, 보고서, MOOC 이수증을 제출하여 승인받는다.

Coursera (Signature Track), edX (Self-verified Certificate Track), Udacity (Nanodegree Program), Future Learn (Statement of Attainment), K-MOOC (학점은행제 과정을 제외한 일반강좌)의 강좌가 인정된다.

## 4. 메타버스 교육과도 관련 깊은 AI 활용

### 가. 개요

#### 1) 인공지능이란?

1956년 존 매카시(John McCarthy)는 다트머스 회의(Dartmouth Conference)에서 처음으로 인공지능(Artificial Intelligence)이라는 용어를 창안했으며 '기계를 인간처럼 생각하고 행동하게 만드는 것이라고 정의'했다.

인공지능이라고 하면 인간을 공격하고 지배하려는 소수의 사람과 인공지능이 결탁해서 세상을 구하려는 주인공과의 사투를 다루는 이야기를 많이들 생각한다. 과연 인공지능의 발전은 이처럼 인간에게 위협이 되는 것이며 현재도 인간의 직업을 빼앗고 점점 기계화를 가속하는 부정적인 측면만 있는 것일까?

인공지능이란 인간의 지능으로 할 수 있는 사고, 학습, 자기 계발과 같은 것을 컴퓨터에서 가능하게 하는 방법을 연구하고 구현하는 컴퓨터 공학이나 관련 기술의 한 분야로 결국은 인간의 지능적 행동을 모방하도록 하는 것이다. 단순하게 방대하고 다양한 지식을 저장하고 있어 정해진 패턴에 맞춰 대답해주는 것에 머물지 않고 사람의 신경망처럼 데이터를 찾고 분석해서 가장 최상의 결과를 스스로 도출해 내는 것을 말합니다. 이러한 것이 가능하기 위해서는 적어도 아래와 같은 5가지 영역의 기술적 진보가 있어야 한다.

- 자연어(natural language)란 사람이 사용하는 언어를 말한다. 사람의 말을 컴퓨터가 알아듣고 사투리나 발음이 부정확한 사람의 목소리까지 완벽하게 번역하는 것을 목표로 연구가 진행됐으며 현재 많은 시스템에 실용화하여, 사람과 컴퓨터가 대화하며 정보를 교환하고 있다. 스마트폰에 있는 음성명령시스템은 자연어처리 기술의 진보를 알 수 있는 예라고 볼 수 있다.

- 전문직(의사, 과학자, 변호사 등)이 하는 여러 일을 컴퓨터가 대신 할 수 있도록 하는 전문가시스템(expert system) 분야이다. 전문직이란 사람에 있어서도 상당한 지식의 습득과 노력이 필요한 분야로 이미 병의 진단과 같은 분야에 있어서는 상당한 기술적 진보가 이루어져 있다.

- 컴퓨터가 사람이 눈으로 보는 영상을 분석하여 인지하는 것처럼 카메라로 보이는 영상을 분석하여 그것이 무엇인지를 알아내거나, 사람의 목소리를 듣고 문장으로 변환하는 것 또한 그 문장의 의미를 파악하고 해석하는 일 등은 매우 복잡하여 인공지능의 이론적 접근이 꼭 필요한 분야이다.

- 기본적인 수학적인 정리를 이미 알려진 사실로부터 논리적으로 추론하여 증명하는 과정으로써 이론증명(theorem proving)은 인공지능에 필수적인 분야이다.

- 수학적 논리학이나 프로그래밍적인 접근이 아니라 사람의 두뇌가 네트워크처럼 연결하여 사고하는 신경망(neural net) 분야이다. 기존에 설계한 알고리즘에 의해 동작하는 한계에서 벗어나 사람처럼 스스로 학습하여 자신의 지능을 높여나가는 기술이라고 할 수 있다.

국내와 세계를 떠들썩하게 만들었던 2016년 인류와 알파고의 바둑 대결은 현재 인공지능이 얼마나 진화되고 발달했는지 보여주는 좋은 예이다. 딥 마인드(DeepMind)의 바둑 프로그램 알파고는 슈퍼컴퓨터 1,202대를 연결한 것인데 단순히 연산을 빠르게 처리하기 위해 연결한 것이 아니라 딥 러닝(Deep Learning)이라는 개념을 도입해서 사람과 같은 깊이 있는 사고가 가능하다.

기존의 바둑 프로그램은 단순하게 수읽기를 얼마나 잘하는가에 초점을 두고 개발됐다. 알파고는 인간의 감각, 모양을 이해하는 직관을 신경망으로 흉내 내는 바둑 프로그램이다. 알파고는 수읽기 엔진 이외에도 모양을 이해하는 능력을 갖추고 있으므로 읽기 탐색 공간을 훨씬 더 효과적으로 줄일 수 있다. 안될 것 같은 수는 일찍 배제하고 될 것 같은 수만 조금 진행해보고 그 상황에서 형세를 판단해서 탐색 공간의 폭과 깊이를 동시에 줄이는 방식을 채택해 진행한다.

이러한 AI 기술은 메타버스 교육에도 깊이 관련되어 음성 및 이미지 처리, 고성능 알고리즘 등을 통해 메타버스 교육을 심화시키고 또한 사람이 강의하는 것과 더욱 비슷하게 자연스러운 연출이 가능하도록 기술 진화에 큰 도움을 주고 있다.

## 2) 인공지능 적용사례

### (1) 상상력 기계

 사람과 자연스럽게 대화를 나누고 만화영화를 보면서 스스로 공부하고 학습하도록 만드는 것이다. 즉, 인간이 만화영화의 방대한 데이터를 입력해서 원하는 검색어를 넣으면 찾아주는 것이 아니라 사람처럼 보고 학습하고 응용하는 것이다. 개념을 점점 결합하면서 추상적인 개념을 만들어 가는 딥 러닝을 이용한 것이다.

 딥 러닝이 다른 머신 러닝과 다른 것이 바로 신경망 구조이다. 딥(Deep)이라는 말처럼 층이 많다는 뜻이고 층이 많이 쌓이면 만화영화 줄거리를 학습할 수 있고 웹상에서 영상을 수백만 장 모아놓고 그 영상에 나온 동물 이름을 알아맞히는 일이 가능하게 되는 것이다. 음성인식 분야 역시 딥 러닝을 통해서 급격한 향상을 이뤄 낼 수 있으며, 이런 일이 가능해지려면 거대한 데이터와 엄청난 양의 학습이 필요하다.

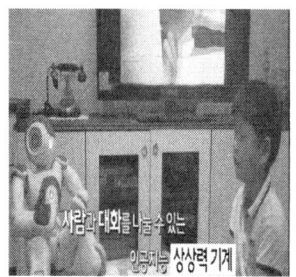

[그림 2-14] 학습한 내용을 기반으로 대답하는 상상력 기계

### (2) 자율 비행하는 인공지능 '드론'

 복잡한 숲속에서 자율 비행이 가능하게 설계되어 산에서 실종된 사람을 구조하기 위해 스위스 달레 몰레 인공지능연구소(Dalle Molle Institute for Artificial Intelligence), 취리히 대학, NCCR로보틱스 등이 공동 개발했다. 일반적인 상업용 드론은 고공비행에 유리한데 일반 드론을 이용해 숲길과 같은 복잡한 환경에서 장애물을 피해 자율 비행할 수 있도록 쿼드콥터(quadcopter) 드론에 인공지능 기술을 탑재했다.

드론에는 해상도가 좋은 카메라 2대를 장착했고, 정교한 센서 대신 강력한 심층신경망(DNN, Deep Neural Network) 기반의 AI 알고리즘을 적용했다. 실종자 수색뿐만 아니라 산림 감시, 야생 동물 보호 등 생태계 관리를 위해서도 사용될 수 있다.

미국의 록히드마틴(Lockheed Martin)은 '알파 파일럿(AlphaPilot)'이라는 이름의 인공지능 드론 레이싱 대회를 개최했다. 엔비디어 자비에 프로세서(NVIDIA Xavier Processor)와 4대의 카메라가 장착된 쿼드콥터(quadcopter)가 장애물에 해당하는 게이트를 통과하는 코스다. 드론 레이싱은 굉장히 빠른 속도로 코스를 돌면서 일정 간격으로 게이트를 통과하는 것이기에, 드론이 스스로 게이트를 통과하려면 게이트가 어디 있는지 인식해야 한다. 사람이 조종하는 것이 아닌 드론 스스로가 하도록 한 인공지능을 개발한 우승자에게 알파 파일럿이란 호칭이 주어진다. 대회 주최 측은 앞으로 인공지능이 제어하는 드론이 인간 조종사를 제칠 가능성이 크다고 예측했다.

### (3) 인공지능 화가 '딥드림'

구글(Google)은 2012년 딥 러닝 방식으로 인공지능에서 수많은 학습을 시켜 이미지를 분류하고 구분해내는 소프트웨어를 개발했고 이 기술을 바탕으로 평범한 이미지를 추상화로 바꿔주는 '딥 드림(Deep Dream)'을 개발했다.

2016년 2월 26일 미국 샌프란시스코에서 알고리즘에 의해 만들어진 미술 작품에 대한 경매 <DeepDream: The art of neural networks>가 개최되었고 29점의 추상화를 팔아서 1억이 넘는 이익을 거두었다. 빈센트 반 고흐 같은 예술가들의 스타일을 모방한 작품이 포함되었으며 각 이미지는 종이에 인쇄되었다.

딥 드림은 처음에는 과학자와 엔지니어가 주어진 이미지를 볼 때 깊은 신경망이 무엇을 보고 있는지 볼 수 있도록 고안되었으며 이 알고리즘이 환각과 추상 미술의 새로운 형태가 되어 인간(Human)과 인공지능(AI)의 공동작업(Collaboration)을 할 수 있게 되었다.

  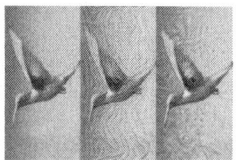

[그림 2-15] Deep Dream Tool

## 나. AI 활용한 교육

### 1) 클래스팅 AI

클래스팅 AI의 맞춤 문항 엔진의 목표는 학생이 최단 시간에 교육과정별 성취도에 도달하게 하는 것으로 문제를 풀 때마다 실시간으로 성취도를 측정하여 바로 다음 문제가 성취도를 최대로 끌어올릴 수 있는 문제로 정해진다. 이것은 아무리 1:1이라도 사람이 할 수 없는 부분이기에 인공지능이 사용된다.

이것이 가능한 이유는 클래스팅의 학생들이 자발적으로 학습을 할 수 있게 소셜네트워크의 장점을 살려 공부를 게임처럼 할 수 있게 제공하기 때문이다. 그로 인해 데이터가 없는 어떤 새로운 문항이라도 문제정답율, 평균풀이시간, 항목별 선택비율 등의 학습 빅데이터가 기반이 되어 문항의 난이도, 변별도, 추측도를 빠르게 계산할 수 있어 문항을 풀면 학생의 성취도가 예측되고 그에 맞추어진 추천이 가능해진다.

이런 기술은 만들 수 있겠지만 이 기술을 활용하기 위해서는 빅데이터가 필요하고 클래스팅은 수많은 사용자와 사용성으로 그걸 해내는 서비스이기에 특별하다. 그리고 반 학생의 학습 현황을 교사가 일목요연하게 볼 수 있다는 점 때문에 학교에서 활용할 수 있다.

인공지능 기술 자체는 MS WORD처럼 나중엔 누구나 쉽게 다룰 수 있게 될 것이다. 인공지능 교육은 인공지능 기술 자체를 가르치는 것보다 어디에 활용하는지를 가르치는 게 중요하다. AI를 활용하여 학생들이 어떤 사회적 난제를 해결할 수 있을지를 프로젝트 수업으로 진행할 수 있어야 한다. 공정성을 위해 지식을 평가하는 정시 확대와 인공지능 교육이 함께 가기 위해선 지식 주입으로 수업 시간을 뺏어서는 안 된다.

학교와 교사가 AI를 활용하고 지식 전달에 대해서는 도움을 받아야 한다. AI는 학생 개개인의 수준을 실시간으로 파악할 수 있기에 훨씬 적은 문항으로 학생을 진단할 수 있고 그에 적절한 문항을 제공함으로써 일괄적으로 진단 평가하는 것보다 효율적이고 효과적으로 지식을 습득할 수 있게 한다. 그리고 스스로 개념이 부족한 영역만 골라 학습 영상으로 공부를 할 수 있다.

이렇게 지식은 미리 자습 시간과 가정에서 AI를 통해 학습하게 하고 학교 수업 시간엔 학생들이 여러 문제를 해결하는 프로젝트들을 자기주도적으로 진행할 수 있어야 한다. 이를 통해 문제 해결 능력, 협업 능력, 커뮤니케이션 능력 등을 키우고 어떤 난제에 관심이 있는지를 스스로 알 수 있게 해주어야 우리 학교가 미래의 학생들을 위해 진정한 인공지능 교육을 할 수 있을 것이다.

### 2) AI 튜터

한돌은 NHN이 2017년 12월 선보인 바둑 인공지능 프로그램이다. 1999년부터 한게임 바둑을 서비스하며 축적해 온 방대한 데이터를 바탕으로 다양한 대국 데이터를 학습하면서 꾸준히 기력을 발전시킨 결과 국내외 프로기사의 실력을 뛰어넘는 수준에 도달했다. 바둑 교육프로그램의 개발과 홍보를 위해 2019년 12월 이세돌 9단과 한돌의 접바둑 행사를 주최했다. 널리 알려졌다시피 AI의 바둑 실력은 이미 인간을 압도하고 있다. 이러한 사실을 받아들인 인간은 AI 바둑선생님을 적극적으로 도입하고 있다. 단순히 일반인들이 게임 형태로 바둑을 즐기는 것을 넘어 프로바둑기사를 꿈꾸는 꿈나무들의 교육에 AI가 도입됐다. 최신형 AI 프로그램을 도입하고 원생들의 시선은 AI 프로그램 모니터에 고정되어 있다. 대국 파트너 역할은 물로 매 순간 형세 판단, 최선의 수, 복기(復棋)에 이르기까지 모든 궁금증을 확실하게 해결해 주는 완벽한 사부님이다.

매해 초가 되면 영어 공부 관련 앱이나 서비스가 광고의 상당 지분을 차지한다. 그만큼 영어학습에 대한 수요가 높은 편이다. 이러한 시장 수요를 AI 튜터가 파고들고 있다. 실시간으로 대화를 주고받으며 영어 회화 실력을 향상할 수 있는 서비스는 물론 토익학습 등 자격시험 영역에도 여러 서비스가 출시되며 경쟁을 벌이고 있다.

머니브레인은 인공지능 기술이 적용된 인공지능 영어회화 학습 서비스 '스픽나우(speak now)'의 서비스를 출시했다. 인공지능이지만 사람과 똑같은 얼굴과 목소리를 가지고 있어 실제 사람과 대화하듯이 영어를 학습할 수 있도록 구현되었다. AR 카메라로 사물, 영어 단어를 찍으면 단어의 뜻과 발음까지 알려준다.

뤼이드의 '산타토익(santatoeic)'은 학습자의 데이터를 기반으로 예측, 분석을 통해 개인의 목표에 꼭 필요한 최적화된 학습경로를 추천하는 알고리즘으로 진정한 의미의 1:1 맞춤 학습이 가능하다. 학습자의 학습활동 변화를 딥러닝 기술로 분석하고 예측하여 맞춤형 문제와 학습자료를 제공한다. 학습자가 반복적으로 틀리는 부분을 짚고 반복 학습을 시키거나 훨씬 효율적인 학습방식을 유도하는 형태이다.

AI 영어학습법은 원어민과의 학습 비용 부담을 최소화할 수 있고, 원어민과 대화하기 어려운 실력을 갖췄더라도 심리적 부담감 없이 AI와 충분히 연습을 할 수 있어 교육시장에도 큰 변화를 일으킬 것이다.

2021년 국내 에듀테크 시장 매출액은 약 7조 3,250억 원이며 연평균 8.5% 성장하고 있으며 에듀테크 기업뿐 아니라 대기업들도 AI 영어학습 시장에 속속 뛰어들고 있다.

LG CNS는 음성 인공지능 기술과 회화 실력 판별 인공지능 알고리즘을 활용한 셀프 회화 트레이닝 서비스 'AI튜터'를 개발했다. 영어 학원에 굳이 안 가도, 외국인 선생님과 전화 영어 회화 시간을 맞추지 않아도 언제 어디서나 학습할 수 있다. 외국인과 대화할 때 주저함과 어색함을 느꼈던 사용자들도 인공지능과 편하고 자신감 있는 대화가 가능해져 학습효과를 높일 수 있다.

인공지능을 기반으로 개인별 맞춤형 학습을 제공하는 기술을 '적응형 학습(Adaptive Learning)'이라고도 부른다. 미국 시장에서는 이미 애플이나 구글 등 공룡 IT 기업부터 D2L(Desire2Learn), 드림박스 러닝(Dreambox Learning), 뉴턴(Knewton), 스마트

스패로우(Smart Sparrow) 등의 전문기업까지 이 분야에 뛰어들었다.

 수학 시간이 돌아오면 얼굴을 찌푸리기 일쑤인 초등학생이 있다. 선생님도 학생들의 집중도를 유지하며 개념을 설명하기란 여간 어려운 일이 아니다. 어느 날 선생님은 학생들에게 태블릿PC를 나눠준다. 화면을 켜보니 귀여운 캐릭터들이 나오는 게임이 시작된다. 화면에 과일 4개가 뜨면서 캐릭터가 '과일이 몇 개인지 고르라'라고 말한다. 한참을 고심하다가 보기 중에 '4'를 선택하자 캐릭터가 활짝 웃으며 보상 아이템을 준다. 학생이 따라 웃는 동안 AI 시스템은 또래 평균보다 더 망설인 점을 고려해 다음 문제도 낮은 난도의 문제를 준비한다.

 AI 선생님이 수포자(수학포기자)를 양성하고 있는 국내 교육과정의 혁신을 이뤄낼 수 있을까? 초중등 교육을 위한 AI 선생님은 이미 교육업계 화두로 떠올랐다. 기존 교육 기업은 물론이고 스타트업들까지 AI를 접목한 교육 서비스 출시에 열을 올리는 것이다. 영어는 기본이고 AI 수학, AI 과학 등 다양한 교육과정에 접목되고 있다. 교육부는 한국과학창의재단과 함께 AI 초등수학 콘텐츠 "똑똑! 수학탐험대"를 개발했다.

 '놀이형 콘텐츠'와 'AI 기반 학습관리시스템(LMS·Learning Management System)'을 결합하여 아이들은 컴퓨터 게임 같은 놀이를 통해 숫자와 사칙연산을 가지고 놀고, 그 밑바탕에서 AI 시스템은 아이들이 자주 틀리거나 어려움을 겪는 수학 개념이 무엇인지를 분석해 맞춤형 콘텐츠를 제공하는 한편 데이터를 축적한다.

 공교육 시장은 물론 사교육 시장도 AI 교육 서비스가 봇물 터지듯 출시되고 있다. AI 기술을 적용한 교육 서비스를 확장하고 기존 수익모델이었던 수만 명의 방문교사 조직은 줄여나가면서 장기적으로 AI 교육 서비스의 학습관리자로 전환할 계획이다.

 웅진씽크빅은 미국 실리콘밸리 학습분석 기업인 키드앱티브와 공동으로 AI 수학 프로그램을 개발했다. 최소 한 달 이상 아이의 학습 내용과 패턴을 분석해 학습자가 느끼는 체감 난이도, 문제 풀이의 적정 시간, 각종 공부 습관을 분석하고 축적된 데이터를 바탕으로 특정 학생이 어떤 수학 문제를 풀기 전 이미 맞힐 가능성까지 예측한다. 만약 정답을 맞힐 가능성이 10%인데 적정 시간보다 빨리 문제를 풀면 모르고 '찍었을' 가능성을 염두에 두고 다음 문제를 제시하기도 한다. 반대로 예측 가능성 90%인 아이가 오답을 내놨다면 "○○야! 맞힐 수 있어. 다시 도전해보자"라는 식으로 반응한다. 오답을 낸 뒤 개념 정리 또는 힌트로 되돌아가는지, 틀린 문항에 몇 차례나 재

시도하는지 등 모든 학습행동을 분석한다. 결과적으로 학력 수준과 학습 습관 등을 분석해 총 13개 단계로 학습자를 분류, 맞춤형 학습 콘텐츠를 제공한다. 아이의 레벨은 매주 재조정된다.

교원은 태블릿PC에 장착된 카메라가 공부하는 아이의 눈동자 움직임을 추적(eye tracking)하는 기술을 담았다. 집중하지 않거나 시선이 다른 곳으로 가면 AI 선생님이 "집중해줘~" 하며 주의를 환기하기도 한다. 학습자의 오답률을 분석해 취약한 유형의 문제도 반복·재학습시키기도 한다.

AI를 통한 교육은 비단 교육 관련 기업에 국한되지 않는다.

2018년 4월 닌텐도(Nintendo)는 자사의 게임 플랫폼인 '닌텐도 스위치(Nintendo Switch)'와 연동하여 실감형 학습활동이 가능한 골판지 완구 시스템인 '닌텐도 라보(Labo)'를 선보였다. 이 제품은 '토이콘(Toy-Con)'으로 불리는 골판지제의 공작 키트(Kit)를 조립하여 로봇, 피아노, 낚싯대, 가방 등 여러 도구를 제작하고, 이를 닌텐도 스위치의 다양한 게임에 활용할 수 있도록 했다. 게임 콘텐츠에 인공지능, 가상현실, 햅틱(Haptic) 기술 등 4차 산업혁명의 다양한 기술들이 적용되어 기존에 없던 새로운 교육적인 효과를 창출할 수 있기 때문에 인기를 얻었다.

'라보'의 VR 키트를 구입하면 카메라·안경 등 가상현실 체험 도구를 직접 만들어 사용할 수 있으며, 현실에서 몸을 움직이면 게임 세계와 연동되는 독특한 경험을 할 수 있다는 점에서 향후 서사 기반의 실감형 교육 현실화에 대한 가능성이 크다고 할 수 있다. 또한 '라보'의 피아노 키트를 활용하면 피아노 학습을 지루해하는 어린아이들이 게임을 하듯이 즐겁게 창의성과 심미성을 계발할 수 있을 것으로 예상된다.

인공지능 기반의 융합 기술이 발전하고 산업에 적용됨에 따라 전통적인 분야를 막론하고 AI 튜터의 역할이 점차 늘어날 것으로 예상된다. 인공지능을 활용하여 채점, 첨삭, 피드백 등과 같은 기본적인 교육활동이 자동화되며, 학생 수준별 진도 학습 및 교육과정의 난이도를 맞춤형으로 제공하는 교실 안의 혁신을 일으킬 가능성이 충분하다.

가상·증강 기술의 발전으로 학습자는 과거에는 존재하지 않던 형태의 초실감 교육을 접할 수 있게 될 것이다. 특히 AI 튜터의 무기는 가상·증강현실이다. '체험' '몰입감'

'상호작용' '일인칭 시점'의 제공이 가능해지는 체험과정은 피교육자가 가상의 공간에 있는 듯한 몰입감을 통해 상호작용 콘텐츠 기반의 교육프로그램도 더욱 늘어날 가능성이 크다.

모바일과 사물인터넷 기술의 발전으로 교실 밖에서도 언제든지 양질의 초 실감형 교육받을 수 있는 인프라가 조성될 것으로 기대되는 만큼 군사작전 훈련과 항공, 의료, 소방 등 직업 훈련에 이러한 가상·증강현실 기술이 활용되고 있으며, 이러한 추세는 점차 가속화될 예정이다.

### 3) 사이버대학교 AI

한국원격대학협의회는 2021년 2월 AI융합교육원을 설립하고 AI 아카데미 사이트(http://www.aicu.or.kr)를 구축했다. 2021년 4월 기준 27개 강좌를 보유하고 있으며 오픈소스 기반의 클라우드 LMS를 활용했다.

일반 학습자가 인공지능의 기본 개념을 이해하고, 인공지능을 효과적으로 활용하는 능력과 함께 창의적이고 합리적으로 문제를 해결하는데 필요한 인공지능 소양을 기르는 것을 목표로 교육과정을 구성했다.

AI 리터러시 수준 진단 플랫폼을 제공하여 수준 및 교육 목적에 적합한 개별화된 온라인 AI 교육과정 추천, 기존의 콘텐츠 중심 온라인교육에서 메타버스를 이용한 교육으로 매칭시킨다.

세종사이버대학교는 AI 기반 학습분석 및 관리 시스템을 도입했다. AI 기반 학습분석 시스템은 학생이 수강한 강의 기록을 포함한 모든 온라인 활동을 빅데이터 시스템에 저장하고 분석하는 과정을 통해 맞춤형 교육과정 추천, 챗봇 기반 상담, 수강 패턴에 따른 자동 알림 등의 지능화된 서비스를 제공한다.

데이터 분석을 통해 수강을 중도에 포기하려는 학생을 사전에 파악해 집중적인 학습관리를 할 수 있도록 정보를 제공하고 상담 서비스와 연계하여 맞춤형 서비스도 제공한다. 일과 학습을 병행하는 학습자가 많은 사이버대학의 특성상 AI 기반 학습관리시스템과 함께 학습자 역량 강화와 지원에 크게 이바지할 것이다.

사이버대학교는 AI 학습 플랫폼의 다양한 연계 사업을 추진하고 있다. AI 경진대회를 실시하고 학습자 자동 채점 기능 개발을 통해 쉽게 평가하고 교수자의 빠른 피드백으로 교수학습의 효율성이 매우 향상될 것이다. 또한, 현장의 다양한 실무 담당자 등을 초빙하여 가상 세계에서 AI 관련 세미나, 실습 수행을 통해 학습자의 실무 역량 향상과 현장에서의 문제 상황 대응 역량 향상도 기대된다.

# 3장

## 메타버스교육을 위한 수업이론과 교수·학습법의 효율적 접근

메타버스 교육에도 전통적인 수업이론과 최신 교수학습법 적용이 중요하므로 역사성이 담긴 수업 목표이론과 교수학습법의 창의적 적용을 위한 팁 차원에서 다뤄보고자 한다. 특히, 위드 코로나 시대(With Corona) 관점에서 온라인 오프라인 융합 관점의 플립러닝적 접근은 메타버스 교육에 있어 중요한 관점을 제시한다.

수업 목표를 효율적으로 전달하는 방안으로 초기의 교육학에서 중요하게 다루어 온 개념은 '학습'이었다. '학습'이란 경험과 세계와의 상호작용을 통해서 일어나는 수행이나 수행 잠재력의 지속적인 변화를 말한다(Driscoll, 2000). 학습이 무엇이냐 하는 개념 정의에서부터 학습은 어떻게 일어나며, 또한 학습이 일어나는 조건을 무엇인가를 확인하여 실제 교육 장면에 응용해 보고자 하는 것이 교육심리학자들의 공통된 견해였다. 학교학습에 관계하는 대다수 학자는 주어진 교육목표를 효과적으로 달성시키기 위해서 학습자가 배우는 조건을 정비하여 더 큰 노력을 기울인다면 쉽게 그 목적을 달성할 수 있다고 판단해 왔다. 또한 이러한 근거 위에서 다양한 학습이론을 도출해 내기 위해 더욱 노력을 기울여 왔다.

융합적인 수업에서 크게 강조하는 것은 수업의 재설계이다. 학습자들이 교실 밖에서 자율적인 선행학습을 하고 난 후 교실 수업에서 심화학습을 하기 위해서는 기존의 수업설계안을 재설계해야 한다. 수업 설계는 수업 목표를 달성하기 위해 알맞은 교수활동을 제공하고 안내해 주는 지식체계이므로 학습자, 교사, 학습 내용, 방법, 매체, 목표, 환경 등 상호관련성에 기초하여 이러한 요소들이 수업 목표에 적절히 구성하여 계획해야 한다.

메타버스 환경을 고려하여 융합적인 수업을 할 때 이론으로 설명될 수 있는 수행의 변화는 무엇인가에 따라 학습이론을 적용할 수 있다. 또한 그 결과가 일어나는 과정에서 적합한 교수 방법은 어떠한 것이 적절한가를 생각해 볼 수 있다.

이상과 같이 메타버스 환경에서 학습이론을 근거하여 수업 설계 로드맵을 [그림 3-1]과 같이 관련지었다.

우선 행동주의 학습이론에 적용할 수 있는 교수 방법으로는 강의식 교수법을 적용하여 사전에 학습 자료를 온라인으로 배포하여 미리 학습해오게 하고, 교실에서는 학습한 결과를 토대로 학습 문제를 풀게 하는 것이다. 강의식 교수법은 주로 해설이나 설명, 그리고 기계적 학습이 일어날 수 있다.

인지주의 학습이론에 적용할 수 있는 교수 방법은 발견학습으로 학생들이 학습주제와 학습 목표와 관련된 문제를 제기하고 이에 대한 해결책을 추구하는 탐구하는 것이다. 교실 밖에선 문제를 풀어오고 교실 안에서는 능동적인 참여와 몰입을 통해서 학습 내용을 심도 있게 다루어 자기 주도적 학습에 대한 소양을 개발하도록 한다.

그리고 구성주의 학습이론에 적용할 수 있는 교수 방법은 팀 기반 학습, 문제 기반 학습, 프로젝트 기반 학습 등이다. 여기에서 제시한 수업 설계의 로드맵은 팀 기반 학습, 문제 기반 학습, 프로젝트 학습법이 교실 밖과 교실 안에서의 학습활동이 어떤 것이 있는지 연결 지었다. 팀 기반 학습은 교실 밖에선 주로 개인 학습이 이루어진다.

예를 들어 기본 개념 학습, 학습 준비도 평가를 위한 단순한 문제 풀이, 복잡한 문제 풀이 등을 수행하고 교실 수업은 학습 준비도 평가, 단순한 문제에 대한 집단 학습, 복잡한 문제에 대한 집단 학습 등이 이루어진다. 문제 기반 학습은 제기된 문제를 중심으로 해결해 나가는 과정을 통해 학습이 이루어지는 방법으로 학습자들은 교수자가 만든 문제 해결을 위해 필요한 지식이나 정보를 탐색 또는 재탐색을 하는 과정에서 문제 발견 능력을 기르며 적절한 정보를 찾아내면서 비판적 사고력을 기르게 된다.

교실에서는 문제 해결을 위해 문제 해결계획을 세우고 교실 밖에서 이루어진 탐색 또는 재탐색을 거치고 난 후 찾아낸 지식과 정보를 이용하여 직접적인 해결책을 만드는 활동이 이루어진다. 이후 발표 및 평가를 통해 다양한 해결책을 공유하고 마무리한다.

프로젝트 기반 학습은 프로젝트를 산출하기 위한 일련의 수업전략으로 학습자들 자신과 동료 학습자들과 함께 책임을 갖고 능동적으로 수행하여 가치 있는 결과를 산출하는 것이다. 이를 수행하기 위해 교실 밖에서는 문제인지, 문제 발굴 및 고안, 기본 학습개념, 정보 수집 활동하고 교실에서는 개별, 또는 팀별로 교실 밖 학습을 기초하여 학습자 자신의 계획에 따라 학습활동을 전개하며, 교수자는 프로젝트 수행이 원활하게 진행하도록 개별, 또는 팀별로 코칭을 한다.

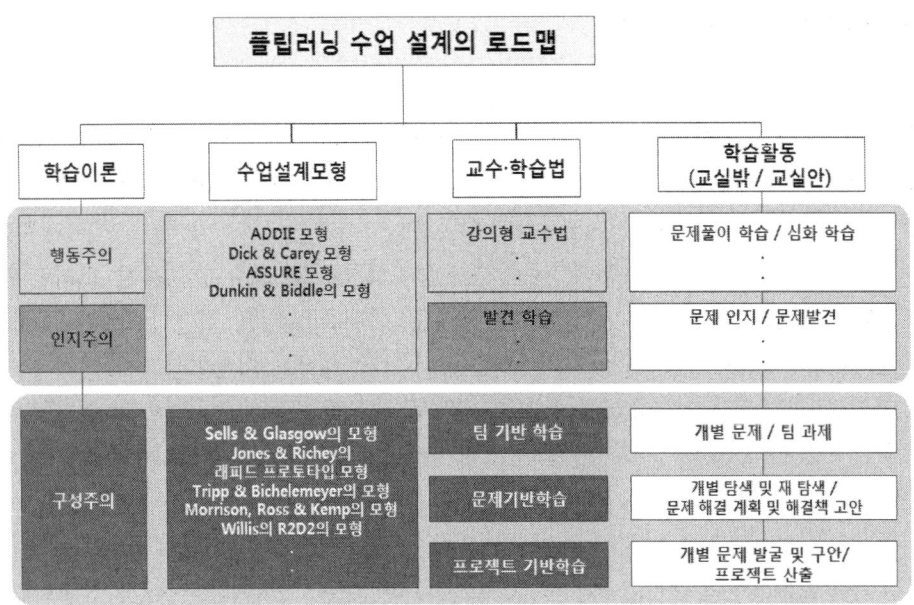

[그림 3-1] 학습이론을 근거한 수업 설계의 로드맵

지금까지 설명한 교수·학습전략 로드맵을 교육 현장에 적용할 때, 교수자들이 좀 더 쉽게 접근할 수 있도록 학습이론과 교수·학습법을 정리해 보자.

# 1. 학습 이론적 접근

메타버스 시대에 온라인과 오프라인 교육을 섞은 융합적인 방식으로 효율적인 수업을 운영하기 위해서는 지식체계를 설명하는 이론적 관점인 학습이론을 필수적으로 이해해야 한다. 학습이론은 학습조건이나 상황 혹은 학습자의 개인별 특성에 따라서 적용되는 범위가 다르다. 또한 이들 이론은 학습자 특성인 출발점이나 효과의 정도에 따라 다르게 적용할 수 있다. 그러므로 효율적인 수업을 위해 어떤 학습이론을 적용하고 그에 따른 수업 방법 및 전략을 세워야 한다.

## 가. 행동주의 학습이론

행동주의 학습 이론은 다윈의 진화론에 영향을 받아 20세기 초에 이반 파블로프, 에드워드 썬다이크, 에드워드 C. 톨먼, 클라크 L. 헐, B.F. 스키너 등의 동물 학습 실험에서 시작되었다. 파블로프의 실험에서 사용되었던 개가 음식이 입에 들어갈 때뿐만 아니라 음식물을 보는 것만이라도 침을 흘렸으며 실험자의 모습이나 특정 소리만 들어도 침을 흘리는 현상을 발견하였다. 이 원리는 어떠한 조건을 형성함으로써 원하는 반응을 유도해 내는 것을 지칭하며 이것을 고전적 조건형성 이론이라고 불리게 되었다. 이후 1980년대까지 컴퓨터 기반의 프로그램에서 발견되는 반복적인 훈련이나 연습, 교실에서 정교하게 계획된 칭찬과 그에 따른 보상 등은 전형적인 행동주의 원리의 반영이라 할 수 있다.

행동주의 이론에서의 학습은 환경의 조성에 따른 학습자의 행동 변화로 규정할 수 있다. 여기서 환경이란 학습자의 바람직한 행동 변화를 가져올 수 있는 학습의 외재적 조건이라고 할 수 있다. 학습의 통제권은 학습자의 외부에 있다고 전제하고 환경을 변화시키고 통제함으로써 인간의 행동이 변화할 수 있다.

행동주의의 근본적인 학습의 원리가 있다. 가장 중요한 원리는 특정 자극을 지속해서 가하여 특정 반응을 지속해서 나타내도록 자극과 반응을 연합시키는 것이라고 할 수 있다. 이때 행동을 유발하는 자극과 반응의 연쇄를 밀접하게 연합하는 강화를 조작함으로써 학습 과정을 통제하였다. 또한, 이 과정은 시행착오 및 조건화에 의해 이루어지는 것이기 때문에 학습지도에 있어서 실습 또는 연습은 필수 불가결의 과정이라고 보았다. 특히 적극적인 학습활동이 나오게 하기 위해서는 효과의 법칙이 적용되어야 비로소 큰 효과를 거둔다고 하였다.

이러한 행동주의 이론은 학습 목표 진술, 교사 훈련 프로그램, 컴퓨터 수업, 프로그램 학습 등 다양한 수업전략에 사용되고 있으며 교과목으로는 국어, 영어, 수학, 체육 등에서 적용할 수 있다.

## 나. 인지주의 학습이론

인지주의는 1960년대 중반 이후 인간의 행동을 자극과 반응의 기계적인 연결에 따라 설명하려는 행동주의적 사고에 반대하여 싹트기 시작하였다. 인지주의 이론에서는 인간은 기계적인 학습 과정에서만 모든 행동이 변하는 것이 아니라 현재의 자극 상황을 과거 경험에 비추어 해석하고 생소한 문제를 추리로 해결함으로써 행동이 변화하는 학습 과정도 있음을 강조하였다. 이렇게 이루어지는 학습 과정은 인간의 인지과정이 참여하는 행동 변화이므로 인지 학습이라고 하였다.

교육학용어사전(1981)에 의하면 인지는 지각.상상.추리 및 판단 등 모든 형태의 지적 활동을 포함하는 일반적인 개념이라고 정의하였다. 다시 말해 지식을 습득, 저장, 전환, 창출, 평가, 활용하는 과정을 의미하는 것이라 할 수 있다. 인지주의 이론에서는 학습자의 행동보다 그 행동을 일으키는 정신활동, 즉 인지 활동에 관심을 두고 있다. 따라서 인지주의 입장에서의 학습은 '이해를 통해서 학습자의 인지구조가 변화하는 것'으로 인식하고 있다.

인지주의 이론에서의 학습은 "이해를 통한 학습자의 인지구조 변화"로 규정하고 있다. 학습자가 따로 떨어진 정보를 서로 연결해 본인의 인지구조 속에서 그 관계를 파악했을 때 학습이 일어났다고 보았다. 학습자는 새로운 정보를 접할 때 기존의 인지구조를 통하여 그 새로운 정보를 해석하고 판단하려 한다는 것이다. 하지만 기존의 인지구조가 새로운 정보와 어긋나 해석하지 못하거나 아예 기존의 인지구조가 없을 때 학습자는 인지적 혼란 및 갈등을 겪게 된다. 이러한 갈등 및 혼란을 해결하는 과정에서 기존의 인지구조가 변화하거나 새로 생기게 된다고 하였다. 이렇게 새롭게 바뀐 인지구조는 또 다른 새로운 정보에 대한 해석과 판단의 기준이 된다고 보았다. 이와 같은 학습의 과정은 인지적 혼란이 있을 때마다 학습자의 내부에서 끊임없이 발생하기 때문에 인지구조는 지속해서 수정되고 변화하게 된다.

인지주의 이론의 학습 원리는 인지적 혼란 및 갈등이라고 할 수 있다. 학습자에게 인지적 혼란을 경험하게 함으로써 기존의 인지구조를 바꾸도록 만드는 것이다. 따라서, 잘 가르치는 교사는 학습자의 인지적 혼란을 잘 발생시키기 위하여 학습자의 인지구조에 영향을 미칠 자극과 도전으로 채워져 있는 새로운 정보를 마련하여 처방하는 사람이라고 할 수 있다.

인지주의 이론에서의 학습은 새로운 지식을 학습자가 이미 알고 있는 지식에 연계시키는 다양한 기회와 과정을 통하여 일어난다고 보았다. 그 때문에 수업은 교사가 지식이나 정보를 학습자에게 단순히 전달하는 과정이 아니라, 학생의 사고 과정과 기능 습득을 효과적으로 수행할 수 있도록 도와주는 활동이라고 하였다.

다시 말하면 학습자가 지식이나 정보를 그저 단순히 받아들여 기록하고 연습하고 외우도록 하는 것이 아니라, 학습자가 정보를 적극적으로 구성하고, 그러면서 자신의 인지구조 내의 기존 지식과 정보를 재구성하는 일을 하도록 안내하고 도와주는 것이 가르치는 일이라고 보고 있다. 따라서, 수업은 학습자에게서 일어나고 있는 학습의 과정과 행위에 접근된 활동으로 이루어질 수 있도록 계획되어야 함을 주장하였다. 또한 인지주의 이론은 유기체설의 입장을 지지하여 당장 효과를 보지 못하더라도 앞을 내다보는 관점에서 통합된 형태의 전체적인 학습이 이루어질 수 있는 수업을 계획해야 한다고 하였다.

이와 같은 인지주의 이론에서 주장하는 효과적인 수업 방법은 Bruner의 발견학습이다. 학습의 기대 결과는 지식의 습득이 아니라 사고 과정의 변화이기 때문에 발견학습과정이 강조되어야 한다는 것이다. 따라서 발견학습이 가능하도록 지식이 구조화되어야 하고 지식의 구조는 학습자의 수준에 맞는 표현양식으로 제시되어야 한다고 주장하였다.

| 비교 요소 | 행동주의 학습이론 | 인지주의 학습이론 |
|---|---|---|
| 학습자 | 환경에 수동적이고 반응적으로 행동한다 | 환경을 능동적으로 보고 이를 지배한다 |
| 학습의 전제 | 자극과 반응 사이의 연합 때문에 일어난다 | 학습자가 환경을 활발하게 이해하려고 시도함으로써 일어난다 |
| 지식 | 학습되는 연합의 유형들로 구성된다 | 조직된 정신구조와 절차로 구성된다 |
| 연구대상 | 동물 | 인간 |
| 연구장면 | 통제된 실험실<br>오직 실험을 통해서만 검증 | 다양한 학습상황<br>연구, 사고, 실험, 논리적 분석이 사용된다 |
| 연구목적 | 일반적인 학습법칙의 발견 | 인지의 개인차와 발달적 차이 발견 |
| 강화 | 강화가 반응의 강도를 강하게 한다 | 행동 후에 일어난 일을 알려주는 신호 역할을 한다 |
| 동기 | 외적 강화로 형성 | 내적 동기의 중시 |
| 기본학파 | 연합주의 | 형태주의 심리학 |

<표 3-1> 인지주의와 행동주의 이론의 비교

## 다. 구성주의 학습이론

객관주의(objectivism)와 구성주의(constructivism)에 대한 교육에서의 논의는 상당히 오래된 것이지만 수업 설계와 관련하여 논의된 것은 1990년대 이후라고 할 수 있다. 앞서 소개한 행동주의나 인지주의는 객관주의를 철학적 기저로 하며, 학습이 발생하는 과정과 이유에 대한 학습이론이라는 데에는 의심의 여지가 없다. 이에 반해 구성주의는 학습이론으로서 그 위치가 확고하다고는 할 수 없다.

이 같은 현상은 구성주의에 대한 이론적 설명에 프로젝트기반학습(PBL), 문제중심학습(PBL), 인지적 융통성 이론(CFT), 목표기반시나리오(GBS) 등과 같은 구성주의적 학습모형들이 구성주의적 학습이론으로 불리며 소개되는 것에서도 알 수 있다. 이는 구성주의적 학습모형과 학습이론을 혼동하기 때문에 발생하는 것이다. 오히려 구성주의적 학습이론으로는 활동이론, 상황인지이론, 분산인지이론, 학습의 생태 심리학 등이 적당하다.

학습이론으로서 구성주의가 함의하고 있는 기본 가정은 학자에 따라 약간의 차이가 있으나 대체로 다음의 세 가지를 바탕으로 하고 있다.

첫째, 구성주의는 개인이 지식을 구성한다고 가정한다. 개인은 인식의 주체로서 능동적으로 스스로 경험을 바탕으로 지식을 구성해 나간다. 인지주의의 가정인 능동적·적극적·자발적 반응의 존재에서 한발 더 나아가 자신의 외부 세계를 내적 표상을 통해 해석하는 창조적 인간이다.

둘째, 구성주의는 개인의 활동이나 행동은 사회적·문화적 맥락을 포함한다고 가정한다. 개인의 활동이나 행동은 그 활동과 행동이 발생하는 상황적 맥락 내에서 이루어지며, 그것이 습득된 상황과 관련되는 것이다. 따라서 우리가 습득하는 지식은 지식 습득의 맥락과 개인의 선수 지식, 경험 등에 따라 다르게 학습되며, 전이도 그 상황에 좌우된다. 이것을 상황적 인지(situated cognition)라 한다.

셋째, 구성주의는 개인의 활동이나 행동은 사회적 협상을 통해서 이루어진다고 가정한다. 지식은 인식 주체에 의해 주관적으로 구성되고, 상황에 따라 상이하게 구성되기도 한다. 이와 같은 지식은 타인과의 상호작용 속에서 그 타당성이 검토되고 지식으로 형성되는 것이다.

## 1) 구성주의 학습의 개념 및 원리

 구성주의는 그 기본전제를 학습자중심의 교육환경에 두고 있으며, 학습은 지식구성의 과정 또는 의미 형성의 과정으로 보고 있다. 지식구성의 과정은 자신을 둘러싼 세상에 대한 지식을 구성하고 의미를 부여하는 과정으로 세상에 대한 자신의 표상 또는 모델을 구성하는 것이라 할 수 있다.

 이 과정은 자연스러운 과정으로서 우리 인간이 알아야 할 필요성은 있지만 이해하지 못하는 어떤 정보 등을 직면했을 때마다 반복된다. 이때 우리가 이미 알고 있는 것 혹은 선행 경험은 지식표상과 의미 형성에 중요한 역할을 하게 된다. 새로운 정보가 무엇을 의미하는지 결정하기 위해서는 기존의 지식이나 의미와 조화되어야 하기 때문이다. 따라서 의미 있는 지식의 구성은 질문, 혼돈, 불일치, 부조화 등에 의해 촉진된다.

 이렇게 보았을 때, 구성주의 이론은 인지주의와 같다는 점을 발견할 수 있을 것이다. 사실 구성주의에서의 의미 형성의 의미는 인지주의에서의 인지구조 변화의 의미와 유사하며, 기존의 지식으로 새로운 정보를 해석하지 못하는 것은 인지적 혼란이나 불일치 때문이라는 것, 그리고 사전지식의 중요성 면에서도 유사하게 보인다.

그러나 이것은 표면적으로 보이는 유사성이고 인지주의에서의 학습의 결과는 누구나 같이 얻을 수 있고 전달이 가능한 인지구조지만 구성주의에서의 의미 형성 결과는 개인에게 유일한 것이며 다른 사람으로부터 전달되는 것이 아니다. 구성주의에서의 이러한 관점은 학습자마다 사전지식과 경험이 다르고 지식이 구성되는 환경과 상황이 저마다 다르므로 나타나는 것에 기인한다. 따라서 교사의 역할도 인지주의에서와는 다르게 학습자의 학습경험이 유의미하도록 학습환경을 설계하여 제공할 수 있는 교사를 우수하다고 할 수 있는 것이다.

 이러한 점들을 고려해보면, 구성주의에서의 학습 원리는 학습과제와 관련된 측면, 학습환경과 관련된 측면, 의미 구성과정의 조력이라는 세 가지 측면에서 모색해 볼 수 있다.

 첫째, 학습과제는 의미 있는 과제여야 한다. 학습자의 적극적인 참여를 위해서 학습자에게 제시되는 과제는 학습할 가치가 있다는 점을 학습자가 느낄 수 있도록 의미 있게 구성되어야 한다는 것이다. 학습자는 학습하는 목적이나 그 이유를 자신이 알 때, 그리고 학습과제가 그들의 흥미와 목적에 부합할 때 학습에 더 적극적으로 참여하게 된다.

이는 기술이 발달하고 그 기술을 인지 활동의 적극적인 보조자로 활용할 수 있는 원리가 발전하고 있는 오늘날 더욱 실현할 수 있는 처방으로 평가되고 있다.

둘째, 학습환경은 실제 환경의 복잡성을 그대로 반영하여야 하고 상호작용할 수 있는 환경이어야 한다. 학습자는 맥락(지식이 사용되는 현장 또는 실세계를 의미함) 속에서 경험할 때 능동적인 참여를 통한 진정한 의미형성이 일어나기 때문에 학습환경은 실제를 반영한 상황적 복잡함을 반영해야 한다.

셋째, 동료와 교사, 나아가 주제에 대한 전문가와의 상호작용이 가능하게 해야 한다. 구성주의에서 교사의 역할은 지식의 전수자가 아니라 인도자, 조언자, 동등한 학습자로 규정되기 때문에 학습자가 실제적인 과제를 해결하는 과정에서 교사는 이러한 역할을 적절히 수행할 수 있어야 한다.

## 2) 구성주의 학습이 주는 시사점

구성주의 관점에서는 정보를 능동적으로 처리하고 그 정보를 정교화시키고 해석하는 능동적인 학습자의 참여를 기대한다. 왜냐하면 학습은 학습자들의 능동적인 학습활동의 참여를 통한 지식과 의미를 구성하는 과정에서 발생하기 때문이다. 이와 같은 이유에서 구성주의 학습이론에서 가장 관심을 두는 것은 학습자중심의 학습환경을 설계하는 것이라고 할 수 있다.

구성주의에서 강조하는 학습자중심의 학습환경으로 인해 교육 현장에 더욱 영향을 미치게 된 것이 협동학습이고, 이를 계기로 도구 역할이 강조되고 교사 역할이 변화하는 계기가 되고 있다.

협동학습은 실제 상황에서 혼자 문제를 해결하기보다는 여러 사람의 공동 참여와 작업을 통해 문제를 해결함으로써 개인에게 주어진 인지적 부담을 던다는 의미가 일차적이라고 할 수 있다. 이것뿐만 아니라 사람마다 얼마나 다양한 생각과 견해를 지니고 있는지를 배우고 다차원적인 사고력을 길러 줄 기회가 되는 것이 협동학습의 또 다른 특징이라고 할 수 있다.

 학습자들은 다른 동료나 교사 또는 부모님과의 상호작용을 발판 삼아 근접 발달 영역을 넓혀 나가며, 학습환경과 서로 간의 수평적인 의사소통이 이루어져 다양한 시각이 인정되는 분위기를 만들어나간다.

 도구는 기존의 학습이론에서 말하는 매체(media)와는 의미가 다르다. 매체는 교사의 교수 내용을 효과적이고 효율적으로 전달하는 전달 체제로서 교수 내용과 분리되지만, 구성주의에서의 도구는 단순한 내용의 전달 체제가 아니라 학습 내용을 중재하기 때문에 내용과 분리되지 않는다. 다시 말해 도구를 다루면서 학습하는 것이다. 도구의 중재가 중요한 이유는 도구가 사용하는 사람들의 사회, 문화, 역사를 반영하고 있기 때문이다.

 인식의 주체로서 학습자를 대하는 교사는 학습자들이 능동적이고 창의적으로 문제를 해결하고 지식을 구성해 나가기 위해 주어진 학습환경에 최대한 적극적으로 참여하여 스스로 의미를 만들어갈 수 있도록 인내는 가지고 도와주어야 한다. 교사 자신이 계획한 학습경험의 세계로 안내하되, 학습자 스스로 문제를 탐구할 수 있도록 옆에서 도와주는 안내자, 조력자의 역할도 하여야 한다.

 더불어 학습자 스스로 해결할 수 있도록 하는 데 촉매 역할도 하고, 학습자의 작은 성취에 대해서도 칭찬과 격려를 아끼지 않는 촉진자의 역할도 하여야 한다. 결과적으로 구성주의는 학습환경에서 교사는 학습자의 학습을 돕는 발판의 역할(scaffolder)을 하며, 한편으로는 배움을 같이하는 동료 학습자가 되기도 한다.

## 2. 교수·학습법

### 가. 강의형 교수법

강의형 교수법이란 교실 현장에서 가장 보편화된 수업 방법이다. 교수자가 주도적으로 학습할 내용에 관해 설명하거나 혹은 학습할 내용을 행동적으로 시범을 보여주는 수업 방법이다. 강의식 교수법은 교재, 혹은 컴퓨터 저작도구(파워포인트 등)로 프레젠테이션으로 진행하며 그 특징은 모든 학습자에게 정보를 제시하기 쉬우며 다양한 매체를 활용하여 학습자들의 이해도를 증진할 수 있다는 장점이 있다. 한편으로는 정보제시 위주의 강의로 학습자들의 주의집중을 얻기에 어려움이 있으며 상호작용이 빠질 수 있다는 단점이 있다.

Cruikshank 등(1995)은 강의의 주된 목적을 청중들에게 분명한 사실, 아이디어, 개념, 지식 등에 관한 정보를 제공하는 데 있다고 하였다. 이와 같은 목적을 가진 강의법의 특징은 크게 세 가지로 나눌 수 있다.

첫째, 주로 해설이나 설명으로 수업이 이루어진다는 것이다. 강의법에서는 주로 언어를 통한 학생과 교수자의 상호작용이 주된 수업의 모습이다. 강의법이 성공적으로 자리 잡기 위해서는 교사와 학습자 사이의 상호작용이 일방통행의 형태에서 벗어나 서로 주고받는 커뮤니케이션 형태가 되어야 함을 알 수 있다.

둘째, 학습자에게 유의미한 학습과 아울러 기계적 학습이 일어날 수 있음을 인정한다는 것이다. 이 말은 강의법이 교사 중심의 수업 형태로서 다른 수업 방법에 비해 학습자의 참여나 토의가 제한될 수 있으므로 학습자의 능동적인 참여가 없으면 이해되지 못한 학습의 형태가 생겨날 수 있음을 의미한다. 학습의 형태 중 토의법이나 사례분석법 등 학습자가 참여함으로써 이루어지는 방법이 반드시 성공적일 수는 없다.

여기에서 중요한 것은 강의법의 본질적인 특성을 이해하고 제반 수업 과정 요소의 특성에 맞추어 적절히 이용될 때 그것은 다른 교육 방법 못지않게 효과적일 수 있다. 따라서 교수자는 강의법에서 일어날 수 있는 기계적 학습과 유의미한 학습 가운데서 가능한 유의미한 학습이 일어날 수 있도록 노력하는 것이 바람직하다.

셋째, 교수자는 학습자에게 교사가 지닌 지식이나 정보 등을 전달할 수 있다는 점이다. 여기서 교사는 언어적 상호작용을 통하여 학습자에게 지식이나 정보 등을 받아들여 축적할 수 있도록 하는 기술을 지닌 것으로 본다. 따라서 교사는 학습자의 인식능력에 맞는 적합한 어휘, 속도, 제스처 등을 통하여 이야기하여야 한다. 또한 교사는 그가 보내는 메시지와 학습자가 수용하는 메시지가 일치하는 것이 되도록 노력하여야 한다.

## 나. 발견학습형 교수법

발견학습은 학생들이 문제를 제기하고 이에 대한 해결책을 추구하는 탐구학습법이다. 학습자는 탐구 및 발견학습 과정을 통해 크게 네 가지의 탐구와 발견을 하게 된다. 어떤 것에 대해 알고(knowing that), 어떻게 그러한가에 대해 알고(knowing how), 어떤 것을 발견하고(discovering that), 어떻게 혹은 어째서 그러한가에 대한 발견(discovering how)을 하게 된다. 즉 발견학습이란 학습자가 주제에 대한 능동적인 참여와 몰입을 통해서, 학습 내용에 대해 심도 있게 배울 수 있도록 촉진하는 탐구학습이다.

발견학습의 주요 장점은 학습자들의 내적 동기를 유발하여 학습에 몰입하도록 하고, 탐구과정에서 사전에 습득한 절차 혹은 단계를 사용하도록 하며, 자신의 학습을 통제한다는 느낌을 통해 자기주도적학습에 대한 소양을 개발하도록 한다는 점 등이다. 한편 발견학습은 수업 설계와 운영에 많은 시간이 소요되고, 성공적인 운영을 위해서는 탐구과정에서 학생들이 봉착하게 될 모든 이슈를 충분히 고려한 사전 준비가 필수적이라는 제한점을 가지고 있다.

수업에 도입할 때 유의 사항은 다음과 같다(Cruickshank, Bainer, & Metcalf, 1995).

- 탐구, 발견의 과정에서 학습자들이 스스로 사고할 수 있도록 격려한다.
- 학습자들이 어떻게 지식이 창출되는지를 발견하도록 지원한다.
- 학습자들이 상위 수준의 사고력을 고취하도록 학습활동을 설계한다.
- 학습자가 자신의 지식을 구성하도록 학습활동이 이루어져야 한다.
- 교사는 상위 수준의 탐구 질문을 사용하여 수업을 진행한다.
- 수업진행시, 교사는 촉매(catalyst) 역할을 하고 학승들에게 권한을 위임한다.

## 다. 팀 기반 학습법

팀 기반 학습(TBL: Team Based Learning)은 공동의 목표를 달성하기 위해 구성원들이 비전을 공유하고 효율적인 의사소통 체계를 갖추고 상호작용함으로써 성과를 달성하는 팀 체계에 바탕을 둔 교수·학습 방법이다. 특히, 대단위 수업강좌(100명 이상)에서도 운영할 수 있고 적은 수의 조교를 활용하여 다양한 경험과 지식을 소유한 학습자들 간의 상호작용을 높일 수 있는 교수·학습법이다. 또한 인지적, 정의적 특성을 고려한 역할 부여와 책임감 부여를 할 수 있고 융통성 있는 학습계획 및 과정 설계가 가능하다.

팀 기반 학습의 교육적 효과성은 다음과 같다.

첫째, 대규모 학습자들을 대상으로 한 강좌에서 개인별 학습과 소집단 학습의 장점들을 적절하게 활용해 볼 수 있다.

둘째, 학습자와 교수자는 전형적인 강의 전달 중심의 교육 방법에서 벗어나 실제 생활에서 일어나는 문제를 해결할 기회를 얻게 된다.

셋째, 학습자들은 반드시 사전학습을 해야 하고, 학습 과정에서 이를 확인함으로써 학습자들 간에 나타날 수 있는 사전지식의 차이를 덜어 줄 수 있다.

넷째, 팀 기반 학습을 통해 사회에서 요구하는 리더로서 자질을 연마하고 성과 지향형 과제해결을 기획하고 수립함으로써, 기존 수업에서 경험하지 못했던 학습에 대한 자기 통제감과 팀 구성원들의 합의와 협력을 도출하는 원활한 의사소통 능력을 갖추게 된다.

다섯째, 팀 기반 학습을 실행하기 위해 기존 교과목을 완전하게 새롭게 개편하는 것이 아니라 기존 수업내용을 활용하거나 보완함으로써 새로운 수업 방식 개발을 위한 어려움을 일부 덜어 줄 수 있다.

여섯째, 과제 수행을 위해 상호 의존적, 독립적으로 과제를 수행하며 다양하게 의사소통하고 상대방의 다양한 관점들을 수용하거나 비판함으로써 학습에 대한 새로운 경험을 할 수 있다(이영민, 전도근 2009).

## 1) 팀 기반 학습의 기본 원리

 팀 기반 학습은 교수·학습 전략의 하나로 학습 팀을 활용하고 개발한다는 점에서 다른 소집단 학습 유형과 다르다. 구체적으로 각 학습활동을 서로 연계시켜야 하며 학습자의 학습 깊이를 더하고 높은 학습 수행을 보여주는 팀들을 장려하고 발전시킨다는 두 가지 목적 달성하기 위해 학습과제 명확하게 설계해야 한다.

 팀 기반 학습의 네 가지 핵심 원리는 다음과 같다.

- 집단은 적절하게 구성되고 운영되어야 한다.
- 학습자들은 개인 과제와 집단과제의 질적 수준에 대한 책임을 져야 한다.
- 팀 학습활동은 집단과제를 통해 학습과 팀 개발을 촉진해야 한다.
- 학습자들은 자주 그리고 시의적절하게 성과에 대해 피드백을 받아야 한다.

## 2) 팀 기반 학습의 적용

● 학기 시작 전

 팀 기반 학습을 이행하는 데 필요한 학기 시작 전 세 가지(① 수업 과정에서 학습 내용 나누기, ② 수업목적과 목표 수립하기, ③ 성적체계 설계하기) 범주의 이슈와 관련된 의사결정이 수반된다.

### ① 학습 내용 나누기

 팀 기반 학습을 실행하는 첫 번째 단계는 교육과정의 주요 주제에 기초하여 4~7개의 대단위 학습 내용을 나누는 것이다. 수업의 주요 단위에서 학습 내용 활용에 초점을 맞춘 과제와 학습 준비도 확인 평가를 설계하고, 수업 목표를 진술하기 위한 기초를 형성한다. 팀 기반 학습 체제 안에서 대단위 수업에는 일반적으로 세 가지의 각기 다른 수업 내 학습활동이 수반된다.

 첫째, 각각의 학습활동은 학습자들에 의해 수업 전에 실행된다.
 수업 내 학습활동의 학습준비도 확인 과정은 수업 전 읽기 자료를 학습한 학습자들이 성취한 이해도 수준을 확장하고 평가함으로써 학습자들이 핵심 개념에 더 친숙해지도록 하는 것이다.

둘째, 한 개 이상의 학습활동에서는 학습자들이 핵심 개념을 활용하는 기회를 제공하기 위해 계획하는 것이다.

셋째, 학습자들은 개인별, 혹은 집단별로 학습 내용 적용에 초점을 맞춘 시험이나 과제를 완수함으로써 핵심 개념에 대해 그들이 이해한 바를 나타낼 수 있게 하는 것이다. 이러한 학습 활동들의 단계는 종합해서 보면 [그림 3-2]와 같다.

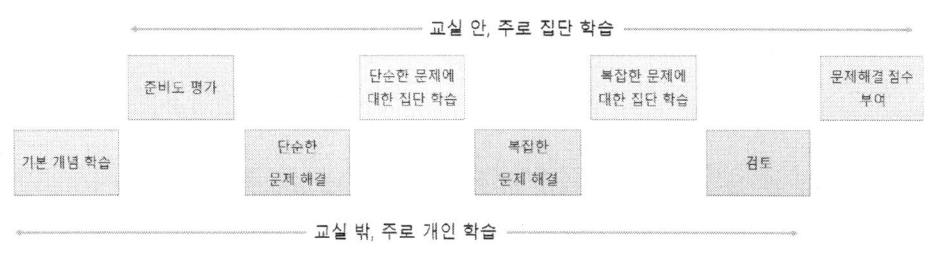

[그림 3-2] 팀 기반 학습 수업 활동 단계

② 수업 목표와 목적 분명히 하기

팀 기반 학습으로 교육과정을 재설계하기 위한 두 번째 단계로 전체 교육과정, 각각의 주요 수업 단위, 하위 단위들의 학습 내용 관련 학습 목표를 파악하는 것이다. 팀 기반 학습에서 학습 내용과 관련한 교수 목표의 두 가지 유형은 다음과 같다. 첫 번째 유형은 학습자들이 새로이 학습한 지식을 가지고 무엇을 수행할 것인가를 명확하게 보여주는 것이다. 두 번째 유형은 학습자들이 수행 목표를 성취하기 위해 반드시 알아야 할 교육과정 개념과 전문용어들을 정의하는 것이다.

여기에서 수행 목표는 교수자들이 모든 학습 자료를 가르치는 데 시간이 충분하지 않기 때문에 학습자들이 습득한 지식을 어떻게 활용하길 바라는지에 초점을 두어 어떠한 학습 내용 요소들이 매우 중요하다는 것을 결정하는 데 중요한 근거가 된다. 또한, 교수자들은 '학습자들이 교육과정을 마쳤을 때, 학습자들이 무엇을 할 수 있기를 바라는가?'라는 질문에 명확한 대답을 하고 있어야 한다.

③ 성적체계 계획하기

팀 기반 학습을 위한 효과적인 성적체계는 반드시 학습자와 교수자 모두를 고려해야 한다. 학습자들의 높은 동기와 높은 학습성과를 성취하기 위해서는 교수자들은 개인 성과, 팀 성과, 팀의 성공을 위한 각 팀원의 공헌도 등 중요한 부분을 기반한 성적체계를 개발하는 것이다.

● 수업 첫 시간

① 팀 기반 학습을 위한 기초 다지기

학습자들에게 전통적인 교육 방법과 다른 팀 기반 학습의 차이점과 팀 기반 학습에 대한 접근성이 쉽도록 학습자들에게 성적체계와 과제 수행에 대한 정보들을 상세히 제공해야 한다. 프레젠테이션 등을 통해 팀 기반 학습으로 작성된 강의계획서의 상세한 설명과 학습 목표를 제시하는 것이다. 강의계획서에 명시된 학습 내용들에 대해 개별적 시험으로 치르도록 하여 학습 준비도 평가를 시연해 본다. 그런 후 개인별 평가는 팀별 평가로 이어지게 되어 이 시험들은 앞으로 한 학기 동안 학습자들이 참여하게 될 학습 준비도 시험에 대한 시뮬레이션이다.

② 팀 형성하기

팀을 형성할 때 반드시 고려해야 할 두 가지 요인은 학습자들의 강점과 책임감, 하위 팀 구성의 잠재적인 가능성이다. 팀이 형성되는 과정을 학습자들의 학습성과에 잠재적 영향을 미칠 수 있는 학습자들의 강점과 책임감으로부터 출발한다. 그리고 팀 내 학습자들의 성과에 영향을 줄 수 있는 친구, 클럽 등과 같은 하부 팀들의 발생 가능성이 크므로 팀을 형성하는 과정에서는 각각 구성원들의 특성에 의한 범주들이 전체 팀에 공평하게 분배되어야 할 필요가 있다.

팀들은 반드시 5~7명으로 구성해야 한다. 이러한 구성은 대다수 팀이 풍부한 구성원을 갖게 되기 때문이다. 팀을 구성하기 위해 교수자들은 간단한 질문을 통해 범주를 정하여 범주에 속한 학습자들을 팀으로 분배할 수 있다. 예를 들어 '여러분들 중 한 달에 책을 2권 이상 읽으신 분은 누구입니까?'라고 질문에 손을 들어 응답하게 한 후 학습자들을 한 줄로 정렬하도록 요청하여 정렬된 이후, 전체 팀의 수에 맞추어 그 줄을 세어 나눈다.

● 수업의 주요 단위

팀 기반 학습을 활용하는 수업의 단위는 [그림 3-3]에서 제시된 교수학습 활동 순서를 준수한다. 팀 기반 학습은 학습 내용에 대한 학습자들의 이해도 정립과 팀의 대학 수가 성공적으로 자기 경영 학습 팀으로 발달하는 지점까지 팀의 응집력을 증가시키도록 교실 내 학습활동을 각각 설계해야 한다.

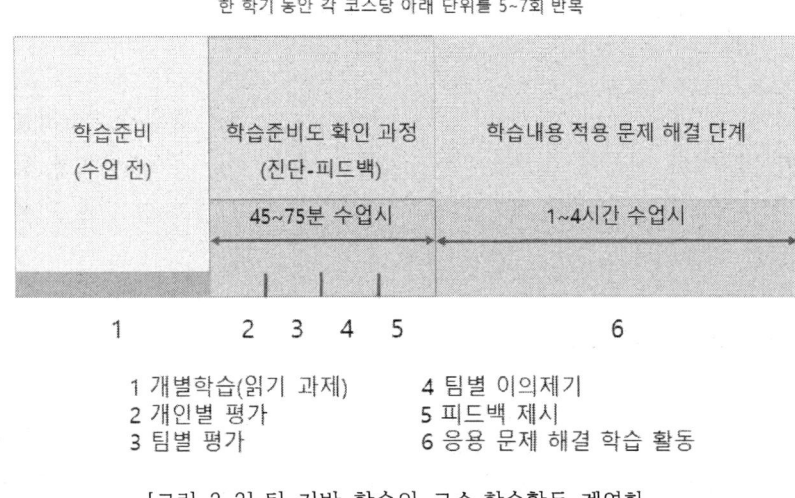

[그림 3-3] 팀 기반 학습의 교수·학습활동 계열화

팀 기반 학습에서 학습자들이 학습 내용을 미리 학습하도록 하는 기본적인 개념은 학습준비도 확인 과정이다. 학습준비도 확인 과정은 교육과정별로 5~7번 진행되고 각 주요 수업 단위 교실 내 학습활동의 첫 번째 단계가 된다. 학습준비도 확인 과정은 읽기 과제, 개인별 평가, 팀별 평가, 이의제기, 교수자의 피드백 등 5개의 주요 구성요소로 이루어져 있다.

● 학기 말

학습자들은 학기 말 학습을 통해 교육과정 개념, 개념 적용, 팀의 가치, 팀워크를 장려하는 상호작용, 그들 자신에 대해 학습하기 등을 상기하게 된다.

① 교육과정의 학습 내용에 대한 학습

학습자들에게 수업 시간의 학습 내용을 재검토 시간을 할애하여 그들이 얼마만큼 배웠는지를 알아보기 위한 간단한 방법으로는 종이 한 장으로 작성된 학습 내용을 포괄하는 목록 제공하기, 학습자들에게 개별적으로 인지하지 않은 내용에 대해 질문하기, 팀 내에서 그들의 결론을 비교해보기, 팀이 추가적인 관심이 필요하다고 판단되는 학습 내용 재검토하기 등이 있다.

② 학습 내용 적용 이해하기

학습자들이 실제로 학습 내용을 적용해 볼 수 있는 좋은 방법은 학습자들에게 유의미한 문제들을 해결할 때 학습 내용을 적용하도록 하는 것이다. 예를 들어 당뇨병과 당뇨합병증 등 복잡한 상황을 제공하기 위해 관련 영화 한 편을 이용해 보는 것도 좋은 방법이다.

③ 팀의 가치에 대한 학습

학기 말에 학습 과정에서 이루어진 개인의 점수, 개인 평균 점수, 최저 점수를 받은 개인의 점수, 팀별 점수와 개인 최고점의 차이를 살펴보는 것으로 학습자들이 어려운 지적 도전을 극복하는 팀의 가치를 체험하도록 할 수 있다.

④ 효과적인 팀 상호작용 인지하기

학습자들이 팀 학습 과정과 팀 효과성 사이의 관계에 대해 보다 잘 인식하도록 학습자들에게 개인별 과제 실행과 그들의 팀이 어떻게 기능하여 왔는지에 관한 관찰일지를 계속해서 작성하도록 하는 것이다. 여기에서 개인별 과제 실행은 집단에 대한 자신의 이전 의견 재검토 및 차이를 만든 변화나 사건의 목록 작성 후 팀원과 함께 공유하기 등이다.

⑤ 그들 스스로에 대해 학습하기

팀 기반 학습의 가장 중요한 공헌 중 하나는 학습자들이 다른 학습자들과 상호작용하는 방법에 대해 많은 것을 배울 수 있다는 점이다. 구성원들이 각자의 강점과 약점을 제대로 알게 되고, 그 결과 어떠한 피드백이 필요한지에 대한 명확한 통찰력을 갖게 된다. 또한, 구성원들이 서로 솔직하게 피드백을 제공하는 것이 도덕적인 의무처럼 느끼는 강력한 대인관계가 발달한다.

## 라. 문제 기반 학습

문제 기반 학습은 일반적으로 종전의 강의법을 지양하고 제기된 문제를 중심으로 해결해 나가는 과정을 통해 학습이 이루어지는 방법을 말한다.
즉, 성인 학습자들이 현실에서 당면하고 있거나 당면하게 될 수 있는 맥락적 문제나 사례들을 개인적인 학습활동보다는 다른 학습자들과 소집단 협동학습을 통해 문제를 해결해 나가는 과정을 말한다. 이 교육 방법은 학습자들이 문제를 협력적이고 자기 주도적으로 해결해 나가는 과정을 통해서 내용에 대한 학습, 비판적 사고력과 협동 기능을 기르도록 하는 것이 중요한 목표가 된다.

### 1) 문제 기반 학습의 절차

문제 기반 학습에서는 교사에 의해 제시된 문제를 협동적으로 해결하기 위해 소집단을 편성하고 팀 활동을 통해 문제를 해결해 나간다. 문제 기반 학습을 계획할 때 가장 먼저 생각해야 할 문제개발은 수업 이전에 이루어져야 하며 교육과정을 고려하고 학습자의 특성을 파악한 후에 도출되어야 한다.

학습자는 자신이 기존에 배운 내용이나 지식을 사용하여 주어진 문제를 파악하고 분석하며, 문제의 해결계획을 세우고 탐색한 후, 협동학습을 통해 해결책을 고안하고 그 방법을 발표하고 평가하는 과정을 거친다. 문제 기반 학습의 과정은 크게 문제개발과정과 수업 및 평가과정의 두 단계로 구분한다.

문제 개발 과정은 교사가 수업 전에 교육과정과 학습자 특성 등을 고려하여 사회적 맥락과 관계되도록 개발하는 것으로 시나리오 작성, 역할과 상황 설정, 잠정적 문제 선정과 문제지도 그리기 등의 변인으로 구성할 수 있다.

두 번째 단계는 학습자가 실제로 활동하는 수업 및 평가과정에 해당하는 것으로 문제 만나기, 문제 해결 계획 세우기, 탐색 및 재탐색하기, 해결책 고안하기, 발표 및 평가하기 등의 다섯 단계로 구분된다.

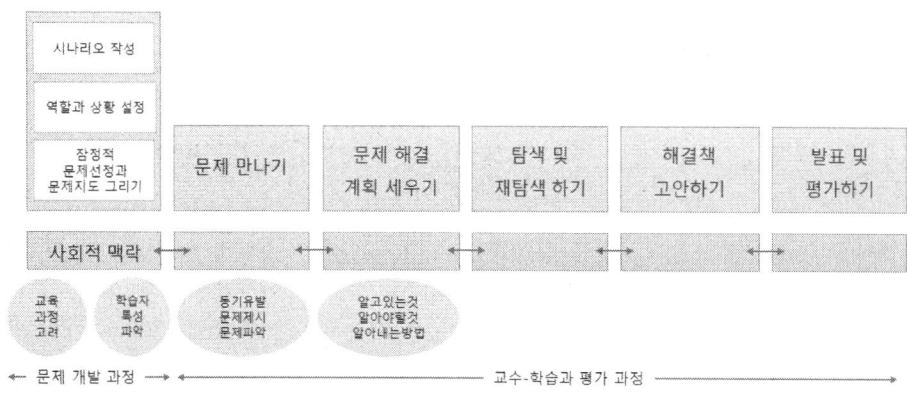

[그림 3-4] 문제 기반 학습의 전체과정


## 2) 문제 개발 과정

● 교육과정 고려하기

 교육과정은 교과 전문가들이 학습자의 발달단계와 사회적 고려사항을 바탕으로 학년마다 배워야 할 내용을 규정한 것이다. 그러므로 문제 기반 학습으로 수업할 경우, 문제를 개발하고 조직하고 학습자들이 그 문제를 중심으로 학습을 수행하는 동안 교육과정과 관련성이 있어야 한다. 또한, 문제 기반 학습으로도 교육과정상의 학습 목표를 달성할 수 있는지 자세히 검토해야 한다.

● 학습자 특성 파악하기

 문제 기반 학습에서 학습자는 자기 주도적 학습하고 능동적으로 문제 해결에 참여해야 하므로 학습자의 특성을 고려해야 한다. 학습자의 특성과 수업에서 다루는 문제의 성격을 조율하려면 문제개발과정에서부터 다음과 같은 질문을 해야 한다(조연순, 2006; 임철일외, 2014)

- 학습자는 무엇에 관심과 흥미를 갖는가?
- 학습자는 문제의 해결이나 탐구를 위해 어느 정도 능력을 갖추고 있는가?
- 학습자는 문제 해결과 탐구의 과정에 요구되는 지식을 얼마나 가지고 있는가?
- 학습자의 관점에서 갖는 가치는 무엇인가?
- 학습자가 가치판단을 어느 정도 수준으로 할 수 있는가?
- 학습자에게 실제로 도움을 주는 것은 무엇인가?

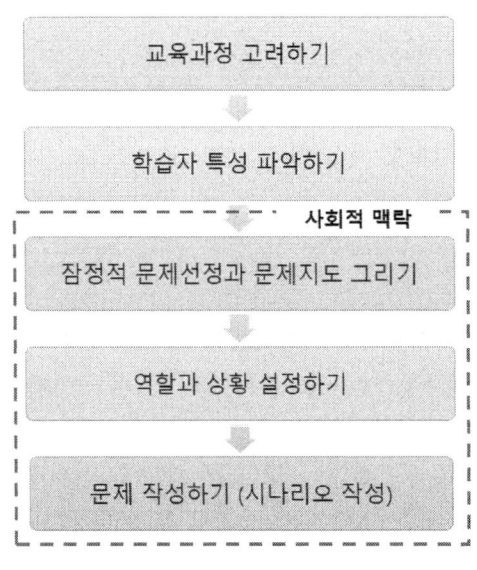

[그림 3-5] 문제 개발 과정

● 잠정적 문제선정과 문제지도 그리기

 문제개발은 교육과정과 관련되고 최근 지역사회의 쟁점이 되면서 학습자들의 관심사가 될 만한 문제로서 가능성 있는 것을 찾는 것에서 시작된다. 생각한 아이디어가 개념적으로 어떤 내용과 관련될 수 있는지 그 가능성을 살펴본 후 이를 다시 교육과정과 관련지어 잠정적 문제를 선정하게 된다. 이것을 시각적으로 표현한 것이 문제지도이다.

● 역할과 상황 설정하기

 학습자가 자신의 문제로서 학습에 대한 주인의식을 갖고 적극적인 문제해결자가 되도록 당사자의 역할과 상황을 제시한다. 한 문제에서 역할과 상황은 다양하게 설정될 수 있으며, 학습자가 더 적극적으로 주인의식을 갖도록 하는 것이 중요하다.

● 문제 작성하기(시나리오 작성)

적절한 역할과 상황 설정 이후 학습자들에게 어떤 형태나 방법을 제시하는 것이 좋을지 학습자의 수준과 흥미를 고려하여 최종적인 시나리오를 구성함으로써 문제개발이 완성된다.

### 3) 교수·학습과 평가과정

● 문제 만나기

문제는 학습의 동기이자 출발점이며 계속해서 학습을 이끌어 갈 만한 충분한 동인이 되는 것이다. 문제를 통해 학습의 필요성을 느끼게 하고, 그러한 필요성을 문제의 맥락 속에서 지속시키고자 하는 것이 문제 기반 학습의 특징이다. 학습자의 문제에 대해 흥미를 느끼고 문제 인식과 발견, 그리고 문제의 의미를 충분히 파악하게 하기 위해서는 동기 유발, 문제 제시, 문제 파악과 같은 하위 단계가 필요하다. 이 과정을 통해 학습자는 문제 발견 능력을 기를 수 있다.

● 문제 해결 계획 세우기

문제 기반 학습에서 배운 지식만을 활용하는 것이 아니라 정보와 지식을 더 알아야 해결할 수 있는 문제를 제공하기 때문에 문제 해결 계획을 세우는 과정이 필요하다. 그러므로 '알고 있는 것', '알아야 할 것', '알아내는 방법'으로 세분화하여 체계적으로 계획해야 한다. 이러한 과정을 통해 창의적 사고력과 비판적 사고력이 형성된다.

● 탐색 및 재탐색하기

문제 해결을 위해서는 필요한 지식이나 정보를 탐색해야 한다. 이러한 탐색 과정을 통해 학습자가 학교 교육과정에서 의도하고 있는 전문적 지식을 배우게 되고, 적절한 정보를 찾아내면서 비판적 사고력을 기르게 된다.

● 해결책 고안하기

 긴 탐색을 거치고 난 후에는 찾아낸 지식과 정보를 이용하여 문제를 어떻게 해결할지 직접적인 해결책을 만드는 과정이 필요하다. 이 과정에서는 체계적이고 치밀한 비판적 사고력과 새롭고 다양한 해결책을 고안하는 창의적 사고력이 꽃을 피우게 되어 창의적인 문제 해결력이 길러진다. 또한 이러한 과정의 소집단 활동을 통해 학습자 상호 간에 원활한 의사소통과 협동 능력이 길러진다.

● 발표 및 평가하기

 학습자들이 고안한 해결책을 여러 가지 방법으로 발표하고 평가하는 과정은 다양한 해결책을 공유하고 평가하기 위한 마무리 단계로 꼭 필요하다. 문제 기반 학습은 실제 주변에서 발생하는 문제를 대상으로 하므로 해결책도 실제로 이루어질 수 있는 것이 바람직하다. 이러한 과정은 실세계에서 일어나는 의사 결정 과정과 유사하다.

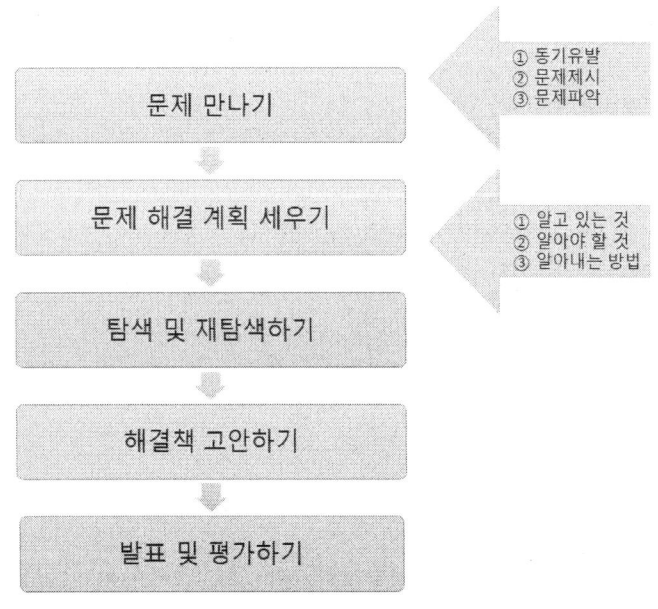

[그림 3-6] 교수·학습과 평가과정

## 마. 프로젝트 기반 학습

프로젝트 기반 학습은 문제 해결력, 성찰과 같은 고등사고 능력을 위한 학습자 중심의 능동적이고 참여적인 교수·학습 방법이다. 프로젝트 학습은 프로젝트를 산출하기 위한 일련의 수업전략으로 학습자들 자신과 동료 학습자들과 함께 책임을 갖고 능동적으로 수행함으로써 가치 있는 결과를 산출하는 것이다.

이러한 프로젝트 학습은 학습자들 자기 생각을 표현하고 학습자 간 협력적으로 활발한 학습활동을 할 수 있도록 기회를 부여함으로써 의사소통 능력, 문제 해결 능력, 자기주도적 학습 능력에 영향을 미친다. 따라서, 프로젝트 학습법은 학습자가 탐구하고자 하는 교과의 학습 내용을 심층적으로 사고할 수 있어 전통적인 학습보다 학습자의 학업성취를 향상하는 데 더욱더 효과적이다.

### 1) 프로젝트 기반 학습법의 과정

|  |  |
|---|---|
| 학습목표 설정 단계 | 학생의 흥미에 부응하거나, 교수-학습과정을 토대로 지식, 기능 습득을 목표로 선정 |
| 프로젝트 계획 단계 | 학습자의 흥미를 유발하여 학습자 자신의 문제를 발굴, 구안 |
| 프로젝트 수행 단계 | 학습자 자신의 계획에 따라 학습활동을 전개하며, 교사는 프로젝트가 원활하게 진행하도록 지도함 |
| 프로젝트 평가 단계 | 학습자 자신 혹은 동료 학습자가 평가 후 평가 결과를 통해 새로운 지식이나 기술, 학습경험을 추후 학습문제 및 학습활동을 위해 발전시킴 |

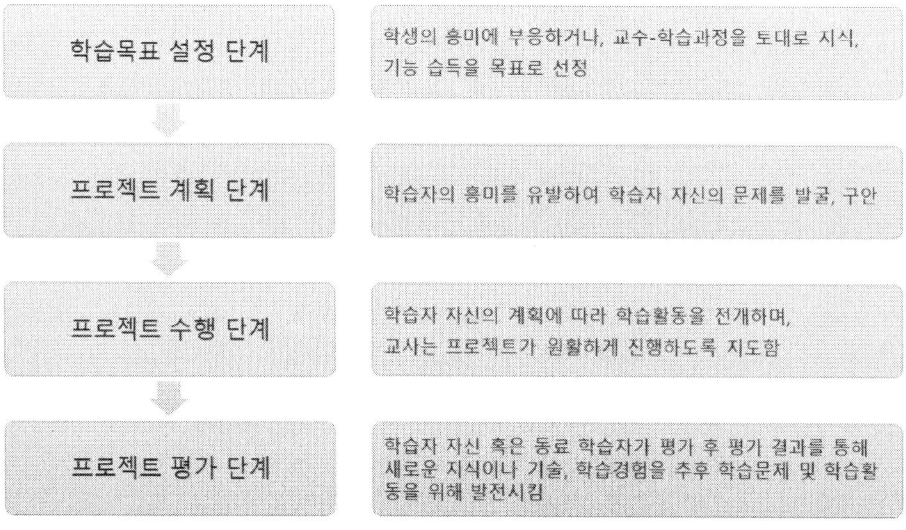

[그림 3-7] 프로젝트 기반 학습법의 과정

## 2) 프로젝트 학습법을 운영할 때 유의 사항

프로젝트 학습법 운영 시 다음과 같은 사항을 유의해야 한다.

첫째, 학습자 자신에 의해 이루어지는 학습이므로 높은 수준의 학습 동기가 필요하다.

둘째, 학습활동이 창의적 학습이 요구됨으로 학습자의 창의성을 끌어내도록 기획한다.

셋째, 철저한 사전 준비가 없으면 학습 부진아는 개별 코칭이 필요하다.

넷째, 프로젝트 활동에 필요한 자료 수집 및 관리가 필요하다.

다섯째, 그룹 프로젝트를 실시할 경우, 그룹 내 개별 활동이 고루 배치되도록 해야 한다.

여섯째, 학습자 스스로 의해 이루어지는 학습이기 때문에 학습자의 책임감과 조직적인 행동이 요구된다.

일곱째, 결과물에 대한 자신의 평가와 동료 학습자의 평가를 통해 자기성찰이 가능하고 상호평가가 이루어지도록 한다.

여덟째, 교수자는 학습자의 프로젝트 활동에 대한 교수자 평가뿐만 아니라 학습자가 평가할 수 있도록 지도하고 평가점수에 반영한다.

지금까지 살펴본 교수·학습법을 응용하여 메타버스 교육을 위한 융합 수업에서 교과 목표에 효과적으로 도달하기 위해 그에 적합하게 수업을 설계하고 운영하여 최적의 교육환경을 학습자들에게 제공한다.

메타버스 교육에도 여전히 수업 설계는 중요한 가치를 제공하므로 메타버스 교육의 교수학습 설계를 위한 전략적 자산으로 활용할 만하기에 기본적인 개념부터 절차와 여러 가지 모형을 소개한다.

# 1. 수업 설계

수업 설계란 수업의 전 과정을 이해하고 개선하려는데 그 목적이 있다. 교수·학습 과정은 그 요소와 절차가 다양하고 복합적으로 구성되었기 때문에 보다 효율적인 수업이 이루어지게 하려고 수업에서 이루어지는 여러 가지 요소와 절차를 기능적으로 조직하는 수업 설계가 필요하다.

## 가. 수업 설계의 정의

수업 설계는 요구와 문제를 밝혀내고, 이를 토대로 목표를 명확히 설정하여 수업내용, 방법, 평가 등에 이르는 수업체제의 전 과정을 체계적이고 합리적으로 구성하고 조정해 가는 일련의 전략적 과정이다.

즉, 수업(instruction)을 학습 목표의 달성을 위하여 상호 관련된 구성 요소들이 유기적으로 상호작용하는 과정으로 규정하고, 규정된 학습 목표의 달성을 위해 설계·개발하는 것을 말한다. 교수설계는 학습이론과 교육과정을 연결하는 '연계 과학(linking science)'이며 수업 목표를 달성하기 위하여 알맞은 교수활동을 처방하고 안내해 주는 지식체계이다.

따라서 교수 방법의 질을 개선하고 이를 수행하기 위해서는 꼭 필요한 학문 분야다 (Reigeluth, 1983). 수업 설계란 수업을 하나의 체제로 보고 체제를 구성하는 다양한 요소들, 즉 학습자, 교사, 학습 내용, 방법, 매체, 목표, 환경 등의 상호관련성에 기초하여 이러한 요소들을 수업 목표에 따라 적절히 구성하여 계획하는 논리적·전략적인 과정이다.

## 나. 수업 설계의 구성요소와 절차

레이겔루스(Reigeluth, 1999)는 교수설계 이론이 포함해야 할 요소를 교수 상황과 교수 방법이라고 하였다. 학습을 촉진할 가능성이 있는 교수 방법과 그 교수 방법이 사용될 수 있는 교수 상황이다. 레이겔루스(Reigeluth' elaboration theory)에 따른 교수설계 이론의 구성요소는 [그림 4-1]과 같다.

[그림 4-1] 교수설계 이론의 구성요소

### 1) 교수 상황

교수 상황은 학습성과를 달성하기 위한 교수 조건과 요구되는 학습성과 유형 두 가지 요소로 구분된다.

#### (1) 교수 조건

교수 조건은 다루어진 학습 내용 특성, 학습자 특성, 학습환경 특성, 제한조건으로 구성된다.

① 학습 내용 특성
 학습 내용 특성으로 '정보의 기억 능력', '관계의 이해', '적용 능력', '일반적 적용 능력' 등이 있으며, 이들 학습하게 될 내용의 특성에 따라 적절한 교수 방법이 서로 다르게 처방되어야 한다. 즉, 정보의 기억을 가르치는 방법과 관계의 이해를 가르치는 방법은 서로 다르게 처방되어야 한다는 뜻이다.

② 학습자 특성
 대표적인 학습자 특성으로 '선행지식', '학습전략', '학습동기' 등이 있으며, 이들 학습자 특성에 따라 적절한 교수 방법이 서로 다르게 처방되어야 한다.

③ 학습환경 특성
 학습환경의 특성으로는 학습집단의 크기, 사용할 수 있는 교육매체, 교육자료의 구비 정도 등을 말한다.

④ 제한조건
 수업 설계 및 설계에 따른 수업 개발에 드는 인력, 시간, 비용 등을 포함한다.

## (2) 학습 성과

 학습 성과는 학습 목표와는 상이하다. 학습 성과는 기대되는 구체적인 학습을 포함한 것이 아니라 수업에서 원하거나 요구하는 효과성, 효율성, 매력성의 수준을 말한다.

① 효과성
 교수활동이 얼마나 잘 수행되었으며, 학습 목표가 얼마나 잘 달성이 되었는가에 관한 것이다. 기대된 교수 성과는 학습 목표가 무엇인가에 관련되는 것이 아니라 그것들이 얼마나 잘 성취가 되었는가와 관련이 있다. 이와 관련하여 '기준'이라는 용어가 사용되기도 한다.

② 효율성
 교수 시간 및 교수 비용으로 나눈 교수 효과의 수준을 말한다. 효과성의 수준에 도달하는 학생들이 얼마나 많은 시간과 비용이 있어야 하는가의 개념이다.

③ 매력성

학습자가 그 수업을 자신에게 얼마나 유의미한 것으로 인식하는가 하는 정도를 말한다. 학습자가 학습에서 배운 내용에 대해 어디서 어떻게 추가하여 더 배울 수 있는가를 말한다.

## 2) 교수 방법

교수 방법은 '조직전략', '전달전략', '관리전략'으로 구분한다.

① 조직전략

수업내용을 어떤 절차로, 어떻게 서로 연결하여 제시할 것인가에 관한 전략으로서 미시적 조직전략과 거시적 조직전략으로 구분된다. 미시적 조직전략은 단일한 개념이나 원리 등을 가르치고자 할 때 정의 제시, 사례제시, 문제 제시, 대안 제시 등과 같은 차시 개념의 수업을 조직할 경우의 전략이다. 미시적 조직전략의 대표적 이론으로는 메릴(Marriner D. Merrill)의 내용 요소 제시 이론이 있다. 미시적 조직에서 조직의 요소는 일반성(generality)과 사례(example), 피드백(feedback)이 있다. 거시적 조직전략은 단원 수준 이상의 여러 개념, 원리, 아이디어 등을 서로 연결하여 가르치고자 할 때 아이디어를 선정하고 계열화하며, 요약 및 종합하는 전략을 말한다. 브루너(Bruner)의 나선형 교육과정, 레이겔루스의 정교화이론 등이 있다.

② 전달전략

조직된 학습 내용을 학생들에게 제시하고, 학생들의 학습 수행을 이끌어 가는 방법을 말한다. 여기서는 사용해야 할 교수, 교수 매체, 학습자료, 상호작용과정 등을 포함한다.

③ 관리전략

수업의 수행과정에서 언제, 어떻게 조직이나 전달 전략의 요소를 사용할 것인가에 관한 전략이다. 수업 지도계획, 성적관리 등이 포함된다.

## 다. 수업 설계의 일반적인 절차

교수설계의 일반적 절차는 분석단계, 설계단계, 개발단계, 평가단계로 구분한다. 교수설계의 일반적 절차를 구체적으로 제시하면 [그림 4-2]와 같다.

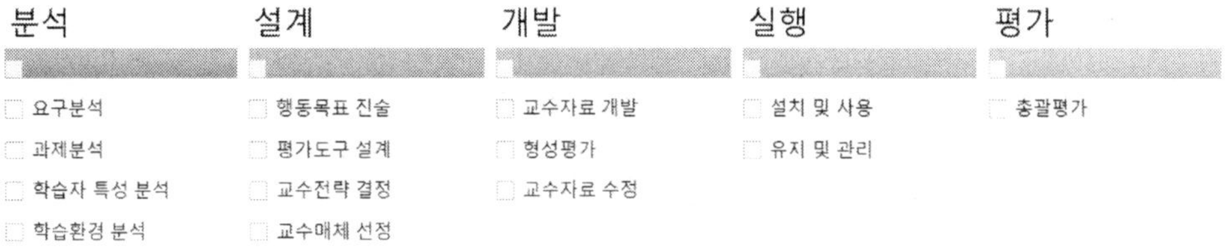

| 분석 | 설계 | 개발 | 실행 | 평가 |
|---|---|---|---|---|
| ☐ 요구분석 | ☐ 행동목표 진술 | ☐ 교수자료 개발 | ☐ 설치 및 사용 | ☐ 총괄평가 |
| ☐ 과제분석 | ☐ 평가도구 설계 | ☐ 형성평가 | ☐ 유지 및 관리 | |
| ☐ 학습자 특성 분석 | ☐ 교수전략 결정 | ☐ 교수자료 수정 | | |
| ☐ 학습환경 분석 | ☐ 교수매체 선정 | | | |

[그림 4-2] 수업 설계의 일반적 절차

### 1) 분석단계

● 요구분석: 학습 목표를 설정하기 위한 단계로 특정 지식이나 기능에 대한 현재의 상태와 기대되는 상태 간의 격차를 분석하는 것이다.

● 과제분석: 수업 목표를 달성하는 데 필요한 지식, 기능, 태도가 무엇인지를 진단하며, 하위과제를 분석하는 단계이다.

● 학습자 특성 분석: 학습 목표 분석과 동시에 시행하며 학습을 위한 학습자의 특징을 파악하는 일이다. 학습자의 선수학습 능력, 학습양식, 현재의 기술, 선호도, 학습 태도 등은 수업 설계를 위한 기초자료로 활용된다.

● 학습환경분석: 학습과제를 수행하기 위한 교수 매체, 시설, 학습환경, 학습조건 등을 분석하는 것이다.

## 2) 설계단계

- 행동 목표 진술: 학습자가 학습을 마친 후 무엇을 할 수 있는지를 규정하는 것이다. 행동적 목표 진술 방식은 타일러(Tyler), 메이거(Mager) 등이 대표적인 목표진술 방식을 설명하고 있다.

- 평가도구 설계: 진술된 목표에 따라 수업 후 학습자들이 할 수 있는 능력을 평가하기 위해 도구를 개발하는 것이다.

- 교수전략 결정: 목표를 달성하기 위한 구체적인 방법을 찾는 것을 말한다. 교수전략으로는 수업 전 활동, 정보의 제시 방법, 실습과 피드백, 평가방안, 추후 활동에 관한 전략 등을 포함한다.

- 교수 매체 선정: 교수 매체는 교재를 포함하여 학습 보조자료, 비디오, 오디오, 이미지, 웹페이지 등 다양한 수업에 활용되는 자료를 말한다. 교수 매체의 선정은 학습해야 할 내용을 가장 효과적이고 효율적으로 나타낼 수 있고 학습자들의 학습을 촉진할 수 있도록 설계·개발·활용되어야 한다.

## 3) 개발단계

- 교수 자료 개발: 수업에서 효과적·효율적·매력적으로 활용할 수 있도록 다양한 교수 자료를 개발해야 한다. 수업자료의 주요한 구성요소에는 학습자 지침서, 수업 프로그램, 검사지, 교사 지침서 등이 포함된다.

- 학습자 지침서: 학습자 지침서는 수업 패키지에 포함된 모든 자료를 활용하는 방법에 대한 안내이다. 수업 목표 개관, 수업 프로그램을 활용하는 방법에 관한 지식, 수업, 교정 및 심화학습을 위한 기타 참고문헌, 학습계획, 학습자들이 완성한 작품이나 계획서에 대한 절차를 포함한다.

- 수업 프로그램: 수업 프로그램은 학습자가 수업 목표에 도달하기 위해 활용할 수 있는 정보를 포함한다. 수업 프로그램은 학습이 되어야 할 정보, 예, 연습문제, 피드백 및 학습 후 지시 사항 등으로 구성된다.

- 교사 지침서: 교사 지침서는 수업 프로그램의 전체적인 구조를 설명하며, 교사에게 필요한 검사나 정보들이 포함된다. 교사 지침서에 포함되어야 할 자료의 유형은 학습에 대한 정보, 방법에 대한 아이디어, 학습 내용 개관, 심화 또는 교정 활동, 검사, 시간, 수업 프로그램에 필요한 교수나 시설 등이다.

- 검사지: 검사지는 사전 검사지와 사후 검사지로 구성되어 있다(학습증진 검사는 수업 프로그램에 들어 있다).

- 형성 평가 및 수정: 형성 평가는 분석, 설계, 개발 과정을 통해 제작된 수업자료를 총체적으로 점검하여 수정 또는 보완하는 것이다. 형성 평가의 목적은 수업 프로그램의 효율성 및 효과성을 증진하는 것이다. 즉, 개발된 프로그램을 현장에서 실행하기 전에 종합 점검하여 문제점을 수정함으로써 프로그램의 질을 높이기 위한 것이다. 형성 평가의 종류에는 일 대 일 평가, 소집단 평가, 현장 평가, 외부전문가 평가가 있다. 일 대 일 평가는 개별 학습자들 대상으로 수업자료를 수정할 부분에 대한 자료를 얻는 것이다. 소집단 평가는 일 대 일 평가 결과를 기초로 하여 8명에서 20명 정도로 구성된 학습자 집단에 개발된 수업 프로그램을 학습하게 한 후 프로그램의 문제점에 대한 정보를 찾아내는 것이다. 현장 평가는 프로그램이 실제로 활용될 현장과 유사한 상황에서 그 수업 프로그램의 적용 가능성을 검증하는 것이다. 외부 전문가 평가는 해당 분야의 전문적인 지시이 있는 전문가를 대상으로 프로그램의 문제점을 규명하는 것이다.

- 제작: 형성 평가를 통해 수집된 자료를 종합하고 분석하여 수업자료를 수정한다. 수정 후 프로그램의 최종판이 제작된다.

### 4) 실행 단계

실행 단계는 개발된 수업 프로그램이나 수업자료를 실제 교육 현장에서 활용하고 실제 교육과정에 설치하여 계속 관리하는 활동이다.

## 5) 평가단계

평가단계는 수업 프로그램이나 수업자료의 효과성 및 효율성을 측정하는 총괄평가를 시행하는 것이다. 총괄평가는 전체 프로그램의 장단점을 종합적으로 파악하는 것이다.

즉, 총괄평가의 주요한 목적은 현재의 수업 프로그램을 계속 사용할 것인지 또는 기관에서 정한 교육 요구를 만족시킬 새로운 수업 프로그램을 채택할 것인지를 결정하는 것이다.

총괄평가에는 전문가 판단과 현장 평가의 주요한 두 가지 단계가 있다. 각 단계의 목적 및 주요 활동을 요약하면 <표 4-1>과 같으며, 형성 평가와 총괄평가의 특징을 비교하여 요약하면 <표 4-1>와 같다.

| 구분 | 전문가 판단 | 현장 평가 |
|---|---|---|
| 목적 | • 기관의 욕구를 충족시키기 위해 채택될 프로그램의 잠재성 결정 | • 원래 의도한 장면에서 대상 학습자에게 수업 프로그램의 효율성에 대한 증거 제공 |
| 주요 활동 | • 기관의 요구와 수업 프로그램 간의 일치도 평가<br>• 수업 프로그램의 완벽성과 정확성 평가<br>• 수업 프로그램의 유용성 평가<br>• 수업 프로그램의 현재 사용자 만족도 평가 | • 학습자의 성취도와 태도<br>• 교사의 태도<br>• 수행 절차의 효율성 |

<표 4-1> 총괄평가의 두 가지 단계

| 구분 | 형성 평가 | 총괄 평가 |
|---|---|---|
| 목적 | • 프로그램의 질을 향상하기 위해 문제점을 찾아냄 | • 프로그램의 채택 또는 유지의 결정을 위해 그 가치와 유용성을 종합판단 |
| 평가단계 | • 소집단 평가<br>• 1:1 평가<br>• 현장검증 | • 전문가 판단<br>• 현장검증 |
| 주요 활동 | • 프로그램의 문제점 파악<br>• 프로그램의 종합 점검<br>• 프로그램의 적용 가능성 점검 | • 프로그램의 결과에 대한 종합판단 학습자의 수행 목표 달성 정도 평가 |

<표 4-2> 형성 평가와 총괄 평가 비교

## 2. 수업 설계 모형

 수업 설계의 개념을 다시 정리하면 수업의 과정을 이해하고 개선하려는 과학적인 학문영역으로서, 학습자의 지식과 기술에 좋은 결과를 가져오기 위하여 적절한 교수 방법을 처방하는 것이다. 수업 설계는 투입-과정-산출로 이어지는 일련의 순환과정으로 보고, 학습이 일어나는 조건에 대한 과학적인 지식과 전략을 학습 목표를 효과적으로 달성하기 위해 체계적으로 적용해 나가는 절차 및 단계이며 수업을 설계, 개발, 실행, 평가하기 위한 체제적 과정(Dick & Reiser, 1989)이다.

 이러한 수업 설계 체제적 과정을 기술한 것이 수업 설계 모형이다(Gustafson, 1991). 수업 설계 모형은 수업을 설계, 개발, 실행 그리고 평가하기 위해 언어 형태의 설명과 시각적으로 보여주는 전략구성 요소들의 통합된 일련의 틀이다. 또한 수업 설계 모형은 수업 설계 이론을 명료하게 하여 줄 뿐만 아니라 수업 설계 이론을 실행하는 수단이 된다.

### 가. 전통적 수업체제설계 모형

 여러 학자에 의해 수업 설계의 효과적인 실행을 위하여 필요한 절차들이 포함된 적절한 수업 설계 모형들이 개발됐다. 수업의 효율성을 극대화할 방안으로 많은 수업 설계 모형이 있다. 그중에서 교육 현장에서 비교적 많이 사용되는 대표적인 수업 설계 모형을 살펴보자.

#### 1) ASSURE 모형

 효과적인 수업을 위해서는 구체적이고 체계적인 수업계획이 요구된다. 공학과 매체를 수업에 통합하는 방식인 ASSURE 모형은 Heinich, Molenda, Russel 등이 개발한 것으로 교사가 수업 과정에 사용하는 매체들을 적합하게 사용하는 방법을 구체적으로 제시하는 수업지도안 모형이다. 교수·학습 과정은 여러 단계를 거치는 일련의 과정으로 생각할 수 있다.

Gagnè(1985)는 이러한 단계를 "수업사태(events of instruction)"라고 하였다. Gagnè의 연구에 의하면 잘 설계된 수업은 학생들의 흥미를 유발한 후 새 자료를 제시하고, 학생들에게 배운 것을 연습할 기회를 주고 피드백해 주며, 그들의 이해를 사정한 후, 다음 활동으로 이어지는 일련의 과정이다. ASSURE 모형은 이러한 수업사태를 포함한다.

ASSURE 모형은 6단계로 나누어지며 단계별 요소들을 살펴보면 다음과 같다.

| A | S | S |
|---|---|---|
| Analyze Learner | State Objective | Select Methods Media and Materials |
| 학습자 분석 | 목표 진술 | 방법, 매체 및 자료 선정 |
| U | R | E |
| Utilize Media and Materials | Require Learner Participation | Evaluate and Revise |
| 매체와 자료 활용 | 학습자 참여 | 평가와 수정 |

[그림 4-3] ASSURE 모형

### (1) 학습자 분석(Analyze Learner)

수업 매체와 공학이 효과적으로 사용하려면 학습자의 특성과 매체의 종류와 방법이 잘 어우러져야 한다. 그러므로 ASSURE 모형의 첫 단계는 학습 대상의 분석이다. 학습자 분석을 위해서는 크게 세 단계로 나누어 분석할 수 있다.

첫째, 일반적인 특성을 분석하는 것이다. 일반적인 특성은 나이, 학력, 직업, 지위, 지적인 적성, 문화적, 사회적, 경제적 요인 등을 말한다. 이때 친숙한 학습자를 가르치는 교사는 이미 일반적 특성의 분석이 끝난 상태일 수 있다. 학습자의 학업성적이나 그 외 다른 기록을 열람하거나 교사 혹은 다른 집단 리더들과 이야기하거나 학습자에게 직접적인 질문을 하는 경우로 일반적인 특성을 파악할 수 있다.

둘째, 학습자의 출발점 행동을 분석하는 것이다. 출발점 행동이란 선수 요건과 같은 의미로 새로운 학습을 시작하기 이전에 학생이 지닌 지식, 기능 및 태도를 의미한다. 이러한 출발점 행동을 알기 위해서는 비공식적인 수단으로 학습집단의 대표와 대화한다든지, 학습자에게 직접 혹은 간접적으로 물어보는 방법이 있다. 공식적인 수단으로는 표준화 검사 혹은 교사가 만든 시험지를 통해 측정할 수 있다. 이와 같은 출발 전 검사를 통하여 교사는 학습자가 이미 알고 있는 것을 분석함으로써 적절한 교수 방법과 매체를 선택할 수 있다.

셋째, 학습양식을 분석하는 것이다. 학습양식이란 한 개인이 학습환경을 생각하고 상호작용하고 정서적으로 반응하는 방식을 결정하는 일련의 심리적 특성이다. 학습양식의 변인으로는 지각적 선호와 강도, 정보처리 습관, 동기적 요소, 생리적 요인 등을 들 수 있다. 지각적 선호와 강도는 학습자들이 선호하는 다양한 감각적 통로(청각, 시각, 촉각, 근육, 운동 지각 등)이며 정보처리 습관의 범주는 개인이 정보의 인지적 처리에 접근하는 방법과 관련된 변인들(발견학습, 집단 토의, 질의 응답식 강의 등)을 포함하는 것이다. 동기적 요소는 주의 집중 및 지속과 많은 관심 등을 말하며 생리적 요인은 성별, 건강 상태, 환경 조건 등을 말한다.

### (2) 목표 진술(State Objectives)

ASSURE 모형의 두 번째 단계는 목표 진술이다. 목표는 수업자가 수업에서 할 계획에 대한 진술이 아니라 학습자가 수업에서 성취해야 할 것에 대한 진술이다(Sharon E. Smaldino 외, 2006).

수업 목표를 진술해야 하는 이유는 첫째, 교사 자신이 무엇을 가르쳐야 할지를 명확하게 한다. 즉, 교사는 목표를 통하여 수업 활동의 일관성을 유지할 수 있다. 둘째, 학습자가 목표에 도달하였는지를 확인하기 위한 평가의 내용, 절차, 방법에 준거를 결정할 수 있게 된다. 셋째, 교사가 목표에 도달하기에 가장 적합한 교육내용, 수업전략과 매체를 선정하는 데 지침이 된다. 넷째, 구체적이고 명확하게 진술된 목표는 학습자가 무엇을 배워야 하는지를 정확하게 인식하게 하고, 그에 대해 준비하게 하므로 결국 선행조직자의 구실을 하게 된다.

잘 진술된 목표는 그 목표가 누구를 위해 의도되는가의 대상(audience)을 지적함으로써 시작된다. 그다음은 보여주어야 할 행동(behavior) 혹은 능력, 그리고 그 행동이나 능력이 관찰될 조건(condition)을 진술한다. 마지막으로 새로운 기능이 숙달되어야 할 정도(degree)-능력이 판단될 수 있는 표준-가 진술된다. 여기에서 진술해야 할 대상, 행동, 능력, 조건, 정도에 대해 자세히 알아보자

① 대상(audience)
체계적인 수업의 주요 전체는 교사가 무엇을 하는가에 있다. 학습은 학습자가 적극적이어서 지적 과정에 스스로 참여하거나 신체적인 기능습득 활동에 참여할 때 가장 잘 이루어진다. 그러므로 목표의 성취는 교수자가 무엇을 하는 것이 아니라 학습자가 무엇을 하는가에 달려 있다. 따라서 어떤 목표이든 목표를 제시할 때는 누구의 능력이 바뀌는지 분명히 해야 한다.

② 행동(behavior)
목표 제시의 중심은 학습자가 수업 후에 어떠한 행동과 능력을 습득할 수 있는지를 표시한다. 이러한 동사는 관찰할 수 있는 행동으로 제시된다면 교사의 명확한 의도가 표시될 수 있어서 혼란을 방지할 수 있다. 수업을 마친 후에 학습자는 무엇을 할 수 있을 것인지 '안다.', '이해한다.' 그리고 '감사한다.' 등과 같이 의미가 모호한 용어는 교사의 목적을 분명하게 제시하지 못한다. '정의한다.', '분류한다.', '시범한다.' 등과 같은 분명한 용어만이 관찰할 수 있는 성취 행동을 드러내 보이는 것이다.

③ 조건(conditions)
목표의 제시는 어떠한 조건 아래에서 관찰할 수 있는 행동이 일어나야 하는가가 제시되어야 한다. 만일 새의 종류는 구별해야 하는 특정한 목표가 학습자에게 제시되었다면 그 구분은 흑백사진을 가지고 해야 하는지, 아니면 천연색 사진을 가지고 해야 하는지가 먼저 결정되어야 한다. 또한 목표 달성을 위해 어떠한 도구나 장비가 이용될 수 있는지도 아울러 제시되어야 한다. 예컨대 '주어진 대한민국 지도 위에 주요 석탄 산지를 표시할 수 있다.'라든가, '체력과 학습의 관계를 300자 이내의 작문을 할 수 있다.' 등이 목표가 될 수 있어야 한다.

④ 정도(degree)

　목표의 마지막 조건은 목표 달성 여부를 분명하게 알 수 있는 기준을 제시하는 일이다. 학습자는 어느 정도의 기능이나 기술을 나타내야 하는지, 비록 그 기준이 양적으로나 또는 질적으로 제시된다고 해도 분명한 실제 정도를 나타낼 수 있어야 한다.

　교수자가 쓴 목표를 평가하는 데 있어서 중요한 고려사항은 그 형식과 관계없이 목표의 의도를 잘 전달했느냐의 여부이다. 교사의 목표가 "목표 평가표"에 있는 모든 준거를 만족시키지만, 동료나 학생들에게 교사 자신의 의도가 정확하게 전달되지 않았다면 그 목표들은 부적절하다. 어떤 목표에 대한 마지막 판단은 교사와 학생에게 유용한가에 의해 결정되어야 할 것이다.

### (3) 수업 방법 매체 및 자료선정(Select Methods Media and Materials)

　ASSURE 모형의 세 번째 단계는 수업 방법 매체 및 자료의 선정이다. 교사는 학습양식이 다른 학생들에게 개인에 맞게 서로 다른 방법을 통해 개인적인 학습을 할 수 있도록 과제를 구성해야 한다. 따라서 학습자의 다양성 및 목표에 따른 다른 많은 모형 등을 제안하고 선정해야 한다.

　수업 방법 매체 및 자료를 선정하기 위한 전략들을 살펴보기로 하자.

① 수업 방법 선택하기
　교사는 흔히 학습양식이 다른 학생들에게 각 양식에 맞게 서로 다른 방법을 통해 개인적인 연습을 할 수 있도록 과제를 구성한다.

② 매체 유형 선택하기
　이용할 수 있는 매체와 공학의 다양한 배열, 학습자의 다양성, 추구될 많은 목표, 과제를 단순화할 다른 많은 모형을 제안할 수 있다.

③ 특정 자료 얻기
　학습 목표에 알맞은 도구 형태를 선정한 후에는 구체적으로 그 학습 내용에 사용할 수 있는 수업 매체를 찾아야 할 것이다. 특정 자료를 얻기 위해서는 현재의 자

료를 수정하는 일과 새로운 자료를 준비하는 일이 될 것이다.

④ 기존의 자료를 선택하는 일

학습자가 사용할 수 있는 자료를 교사나 훈련담당자가 탐색하는 일은 우리의 교육 현실로서는 그리 쉽지 않기 때문에 참으로 안타까운 일이다. 그러나 교사나 훈련담당자는 수업에서 쓰이는 자료를 우선 자신의 주변에서 찾아보아야 한다. 그 밖에 이미 만들어져 있는 자료를 학교 내, 교육청, 대학 또는 각종 연구소와 유관 단체 등을 통하여 알아보면 의외로 놀랄 만한 성과를 거둘 수도 있다.

⑤ 새로운 자료를 설계하는 일

교사가 학습 목표를 수행하기 위해 교수 자료를 새롭게 설계하는 일이 발생할 수 있다. 새로운 자료를 설계하려고 할 때 특히 주의해야 할 몇 가지 요소가 있다.

- 목표: 학습자에게 가르치려고 하는 내용이 무엇인가?
- 대상: 학습자의 특성은 무엇인가? 제공하는 자료를 사용하는 데 필요한 사전지식이나 기능을 학습자가 가지고 있는가?
- 비용: 자료제공을 위한 충분한 비용이 있는가? 자료를 만들기 위한 준비 하고 있는가?
- 기술적 기능: 사용하기 위한 자료를 만들 수 있는 충분한 기술을 가지고 있는가? 만일 없다면 그러한 기능을 가진 사람의 도움을 받을 수 있는가?
- 기자재: 만들려고 하는 자료를 완성하는 데 필요한 기자재를 확보하고 있는가?
- 시설: 만든 자료를 이용하기 위해서는 특수한 시설이 있어야 하는가? 그리고 그러한 시설은 준비가 될 수 있는가?
- 시간: 계획한 자료를 만들기 위하여 투입할 수 있는 충분한 시간이 있는가?

### (4) 매체와 자료의 활용(Utilize Media and Materials)

새로운 모델에서의 다음 단계는 선정될 자료를 실제 활용하는 단계이다. 사용 효과를 극대화하기 위하여 제2차 세계대전 당시 미군의 훈련과정에서 여러 연구 결과 보고에 따라 적용하였던 경험 등을 통하여 알 수 없는 다양한 방안을 참고할 필요가 있다. 그것은 자료의 사전점검, 제시 방법의 숙달, 다양한 환경을 고려하는 것, 대상자들을 준비시키는 일, 그리고 실제 자료를 제시하는 일에서의 주의 등이다.

① 자료의 사전점검

 자료를 선정하는 과정에서 교사들은 그 자료가 대상학습자와 교육목표에 맞도록 힘써야 한다. 이를 위하여 교사들은 혼자서만 힘쓸 것이 아니라 다른 사람의 조언, 소규모의 실제 적용 보고, 그리고 동료의 비판까지도 감수해야 한다. 하지만 이러한 노력 이외에도 이제는 자료를 개발한 교사가 한 번 더 그 내용을 점검할 필요가 있다. 오로지 내용에 관한 좀 더 자세한 지식만이 교사들이 가르칠 내용과 사용할 도구나 자료가 적절하게 배열되도록 도움을 줄 수 있다.

 오랜 시간과 노력을 들여 준비한 자료가 실제 사용하면서 예기치 않은 문제에 봉착할 수 있다. 예컨대 사용할 어휘 수준이 대상자에게 맞지 않는다든지 사용할 비디오테이프가 제대로 녹음이 안 되었다는지, 심지어 제시해야 할 장면을 잘못 선택할 수도 없다.

② 제시 방법의 숙달

 제시할 자료를 점검한 후에 교사는 자신이 해야 할 역할을 실제 행하여 볼 필요가 있다. 적어도 한 차례 이상 실제 수업을 진행하기 이전에 행하여 보고, 또 수업 시작 직전에도 자신이 해야 할 바를 점검해야 한다. 물론 그렇다고 두려워하거나 신경이 예민해질 필요는 없다. 이를테면 어떤 교사는 거울 앞에서 연습해 보기도 하고, 또 다른 교사는 동료나 친구 앞에서 실연해 보이고 비판받기도 하며, 그 밖에 도구를 이용하여 자신의 역할을 검증해 볼 수도 있다.

 소위 마이크로 티칭(micro-teaching)이라는 기법을 이용하여 자기 행동을 녹화하고, 그 결과를 재생하여 행동하는 것, 심지어 말한 것을 재점검할 수 있다. 아마도 자신이 학습자에게 어떻게 보이는지, 그리고 어떻게 목표를 다루며 변화도 없이 그저 매일 매일의 일상적인 방법으로 학습자를 대하지는 않는지 확인하려면 이 기법을 이용하는 것이 가장 효과적이다.

 학습 자료의 참신성이나 제시 방법의 다양성, 그리고 학습 시간의 양을 확인하는 일 등은 얼마나 연습하는지, 그리고 어떠한 형태의 피드백을 받을 수 있는가에 달려 있다. 비디오테이프나 녹음기, 또는 거울, 아니면 동료들은 모두 이러한 피드백을 줄 수 있는 대상이다. 그저 머릿속에서만 실연해보지 말고 실제 학습자 집단 앞에 서서 가르쳐 보는 연습을 하는 것이 중요하다. 그리하여 실제 학습상황에서 학습자들은 통제할 수 있는 기본적인 자질을 길러야 하고, 이러한 능력이 몸에 자연스럽게 배어서 언제 어디서나 자신이 전달하려고 하는 내용을 전달할 수 있는 자신감이 갖추어져야 한다.

③ 환경을 갖추기

실제 학급에서든 강당에서든, 또는 조그마한 특수교실에서든 어떠한 곳에서 수업이 진행되든 간에 자료는 항상 사용할 수 있게 준비되어 있어야 한다. 어떠한 수업상황에서든 편안한 좌석, 적절한 환기, 쾌적한 기온의 조절, 적당한 조명 등과 같은 여러 가지 학습환경이 알맞게 조성되어야 한다. 많은 수업 도구는 암막과 알맞은 전기 사용 등을 필요로 하기도 한다. 교사는 적어도 이러한 요소를 점검해야 하고, 모든 학습자가 무리 없이 볼 수 있고 들을 수 있게 자료를 배열해야 한다.

④ 학습대상자를 준비시키기

학습에 관한 여러 연구 결과는 수업 시간에 제시된 내용 중에서 학습자가 배우는 것은 그들이 그 제시내용에 대하여 얼마나 배울 준비가 되어 있는가에 달려 있다고 아주 분명하게 지적하고 있다. 도구를 통하여 내용을 전달하려고 할 때 먼저 학습자를 준비시키는 일은 매우 중요하다. 수업의 요점을 정리해 주고, 제시되는 내용의 일반적인 구성요소를 설명해 주며 배우려는 여러 가지 내용 사이에 어떠한 관련이 있는지를 합리적으로 말해주는 일, 또는 학습하려는 내용에 주의를 기울임으로써 실제 어떠한 이득이 되는지를 알려주고 그에 따른 성취동기를 부여하는 일, 그리고 제시되는 여러 요소 중에서 주의를 집중할 특수한 부분을 강조하는 일 등을 통하여 학습자가 학습에 관한 사전 준비하도록 하는 일은 학습에 결정적인 영향을 미친다.

이들 각종 내용 중에서도 특히 주의를 집중하도록 하는 일, 동기를 부여하는 일, 합리적인 근거를 제시하는 일 등은 교사들의 목표에 관한 견해를 제시해 줌으로써, 그 목적을 달성할 수 있다. 이 밖에도 특수한 경우에는 다른 노력도 기울여야 한다. 이를테면 익숙하지 않은 용어를 설명해 준다거나 특수한 효과를 나타내는 도구나 자료를 설명해 주는 일 등이 바로 그것이다.

⑤ 자료의 제시

지금까지의 복잡한 준비 작업은 바로 이 일을 하기 위한 사전작업이었다. 따라서 최선을 다하여 이제까지 준비한 자료를 제시해야 한다. 따라서 교사는 혼자서 쇼하듯이 쇼맨십을 발휘해야 한다.

### (5) 학습자 참여의 유도(Require Learner Participation)

새로운 모델의 다섯 번째 단계는 학습자가 배워 나가는 능력을 경험하도록 기회를 제공하는 것이다. 교육학자들은 오래전부터 실제 학습 과정에 참여하는 것이 학습을 촉진 시킨다는 사실을 인정해 왔다. 1900년대 초 존 듀이(John Dewey)는 수업 과정에서 학습자가 참여하는 내용이 중심이 되도록 교육과정과 수업 절차를 재조절할 필요성에 관하여 강조하였다. 후에 Skinner와 같은 행동주의 심리학자들은 바람직한 행동에 대한 계속 강화를 제공하는 수업 절차가 각각의 반응에 강화하지 않는 수업보다 훨씬 더 효과가 있다는 것을 증명하였다.

최근 학습자의 내적인 두뇌활동에 역점을 두어 연구하고 있는 인지 이론에서도 효과적인 학습을 위해서는 학습자 자신에 의한 활동적인 정보처리 활동이 중요하다는 원칙을 제시하고 있다. 로버트 가네(Robert Gagne)는 여러 유형의 목표를 효과적으로 학습하기 위한 많은 필요조건이 있다고 결론짓고 있으며, 그중에서 모든 목표 달성에 공통으로 필요한 조건을 달성하려고 하는 기능을 직접 연습해 보는 일이라는 것이다.

이러한 각종 연구 결과가 수업을 준비하는 수업설계자와 교사들에게 주는 의미는 분명하다. 가장 효율적인 학습상황은 학습자가 목표 달성을 위하여 실제 행동하도록 요구하는 일이다. 참여의 행태는 새로운 어휘의 반복적인 사용, 연습장에 수학 문제를 실제 풀어보는 행위, 농구 경기에 참여하는 것 또는 학기 말 숙제와 같은 실제적 결과를 내보이는 일 등과 같이 다양할 것이다.

이와 같은 학습자의 참여 활동을 위하여 아마도 어떤 특수한 도구를 사용하려면 더 많은 학습자의 참여가 필요할 것이다. 영화나 필름 스트립의 사용을 위한 준비, 슬라이드나 투시 환등기 사용을 위한 준비 등이 그러한 내용이다. 이러한 학습자의 참여 중에서도 옳은 반응에 관한 교사의 즉각적인 인정은 특히 평균 이하의 능력을 갖춘 학습자와 학습해나갈 때는 매우 중요하다.

이러한 평균 이하의 능력을 진 학습자를 위해서는 성공에 대한 즉각적인 증거가 다음 학습을 촉진하는 강력한 동기부여 책이 될 수 있다. 토론이나 짤막한 시험, 연습 등은 수업 도중에 반응을 강화하는 효과로서 훌륭한 기능을 한다. 교사 지침서나 교재에서는 학습자의 반응을 강화하고 촉진 시키는 구체적인 기술과 방법을 제시해 주고 있으므로 참고할 필요가 있다.

### (6) 평가와 수정(Evaluate and Revise)

 효과적인 학습을 위한 이 모델의 마지막 요소는 평가이다. 가장 흔하게 쓰이는 평가의 형태는 물론 지필 검사이다. 하지만 평가에는 여러 가지 유형이 있다. 여기에서는 그 중의 학습자의 성취 결과에 대한 평가. 수업 방법과 도구에 대한 평가, 수업 과정에 관한 평가만을 다루기로 한다.

　① 학습자의 성취 결과에 대한 평가
　수업 과정에서 발생하는 궁극적 의문은 학습자가 배우기를 기대했던 내용을 배웠는가 못 배웠는가 하는 점이다. 그들은 처음 목표에 제시했던 능력을 나타낼 수 있는가?

　이 물음에 대해 대답하기 위한 첫째 단계는 일정한 기준을 가진 목표를 제시했던 첫 단계로 돌아가 학습자의 기능이 그러한 기준에 맞는지를 교사 자신이 확인하는 일이다. 성취 결과의 평가 방법은 목표의 특성에 달려 있다. 어떤 목표는 옴(Ohm)의 법칙을 기억하는 것, 부사와 형용사를 구별하는 것, 독립선언서의 의미를 정리하는 것 등과 같은 단순한 지적 기능만을 요구할 수 있다. 이러한 목표의 달성 여부를 확인하기 위해서는 지필 검사나 구두시험과 같은 재래식 평가 방법으로 가능하다. 그러나 합창단을 지휘하는 일, 평균대 위에서의 균형 잡기, 2차 방정식 풀기 등과 같은 과정에서의 행동을 나타내야 하는 목표라든지, 작문 짓기, 그림그리기 등과 같은 창조적인 활동, 또는 다양한 정치적 견해를 종합하는 일, 불우이웃 돕기를 위한 방안을 제시하는 일 등과 같은 종합적 태도를 나태는 목표를 평가하기 위해서는 단순히 이러한 평가 방법을 가지고는 안 된다. 결국 평가 절차는 목표의 유형을 고려하여 결정해야 한다.

　과정이나 결과 또는 태도 등의 노력을 평가하기 위해서도 지필 검사나 구두시험과 같은 방법을 쓸 수 있으나, 그러한 검사 결과는 학습자들이 목표를 제대로 달성했는지 확인하기에는 너무 간접적인 자료가 되기 쉽다. 따라서 실제 행동을 관찰함으로써 보다 직접적이고 보다 강한 증거나 드러나 보이는 평가를 할 수 있어야 한다. 이것은 결국 학습자는 새로운 기능을 시범해 보일 수 있고, 교사는 그것을 관찰하고 평가할 수 있는 상황을 만들어야 한다는 것을 의미한다. 물론 이러한 평가를 하기는 쉽지 않다. 특히 태도 학습의 내용 등을 평가하기 위해서는 그러한 목표가 과연 얻어졌는지를 확인하기 위하여 오랫동안의 관찰이 필요하고 또한 각기 다른 상황에서의 관찰이 필요하다.

② 도구와 방법의 평가

평가에서는 수업 도구와 방법에 대한 평가도 다루어야 한다. 교사가 사용한 수업 자료는 효과적이었는지, 개선될 여지가 있는지, 학습자의 성취 결과에 비추어 보았을 때 경제적이라고 할 수 있는지, 특히 처음 그것이 사용된 이후에 다음의 효과적인 사용을 위하여 반드시 평가되어야 한다. 그리고 그러한 평가의 결과 사용한 도구는 학습자가 수업 목표를 달성하는 데 실제 도움을 주었는지, 학습자의 흥미를 돋우는 데 효과적이었는지, 그리고 학습자의 의미 있는 참여를 유도할 수 있었는지에 관한 평가 결과는 교사 개개인의 도구사용 자료집에 보관되어야 한다.

학급에서 토론, 개별면접, 그리고 학습자 행동의 관찰 등이 수업 도구와 방법의 평가 방법으로 사용되어야 한다. 물론 목표 달성의 실패는 수업에서 무엇인가 잘못되었다는 것을 의미한다. 하지만 교사가 사용한 수업 방법에 관한 학습자의 반응을 분석하는 것은 그러한 실패를 바로잡는 데 도움이 된다. 교사와 학습자의 통로는 아마도 교사가 택한 집단 학습보다는 개별학습이 더 효과적일 수 있다는 것을 확인할 수 있고, 또한 학습자는 교사가 선정한 투시환등기(OHP) 사용보다는 영사기 사용을 선호하고 있다는 사실을 일깨워줄 수도 있다.

③ 수업 과정외 평가

궁극적인 평가는 수업의 단위가 끝나야 이루어지겠지만 사실상 평가는 계속 과정이다. 평가는 수업 시작 전에도, 그리고 수업 도중에도, 수업이 끝난 후에도 이루어진다. 수업 시작 전에 교사는 사용하려는 방법이나 자료가 현재 학습자들이 가지고 있는 기능과 맞는지 학습자의 특성을 확인해야 한다. 그 외에 여러 가지 자료는 사용되기 전에 점검되어야 한다. 수업 도중에도 평가는 짤막한 퀴즈나 자기 보고 형식 또는 기르려고 하는 능력의 연습 과정을 통하여 이루어져야 한다.

수업 도중의 평가는 보통 진단적인 목적을 가진다. 즉 그것은 교수·학습 과정에서 일어나는 여러 문제를 교정하고 목표 달성을 방해하는 수업 과정의 어려움을 해결할 수 있도록 고안된다. 평가는 또한 수업의 끝이 아니다. 어쩌면 그것은 수업 도구를 효율적으로 사용하기 위하여 체계적으로 고안된 새로운 모델에서는 다음 단계를 위한 출발점으로 간주할 수도 있다.

④ 수정

수업 과정의 마지막 단계는 평가 결과가 모인 자료를 검토하는 일이다. 실제 벌어진 수업과 그 수업에서 기대한 학습 목표 사이에 얼마나 큰 차이가 있는지, 학습자의 성취는 목표에 미달했는지, 또는 초과 달성했는지, 교사가 준비한 수업 도구나 방법에 대한 학습자의 반응은 어떠한지, 교사가 선정한 자료의 가치에 본인은 만족하는지, 만일 훌륭한 모델이라고 하여도 사용하는 사람들이 적절히 사용하며 부족한 점을 보충해 나갈 때 진정한 효과를 볼 수 있게 된다.

## 2) ADDIE 모형

ADDIE 모형은 수업 설계의 기본모형으로 분석(Analysis), 설계(Design), 개발(Development), 실행(Implementation) 및 평가(Evaluation)의 단계에 의해 설계된다.

### (1) 분석단계

수업 설계의 첫 번째 요소로써 학습과 관련된 요소(요구분석, 학습자 분석, 환경 분석 및 과제분석)들을 분석하는 것이다.

### (2) 설계단계

분석의 결과로 얻어진 정보들에 기초하여 효과적인 수업 프로그램의 설계명세서를 만들어내는 것이다. 행동적 수업 목표 진술, 평가도구 개발, 계열화, 교수전략과 매체 선정의 활동을 통해 프로그램의 청사진을 만들어낸다.

### (3) 개발단계

설계명세서에 기초하여 수업 프로그램이나 교수 자료를 개발하고 제작한다.

### (4) 실행단계

실행 단계에서는 개발된 프로그램을 실제 현장에서 사용하고 교육과정을 통해 실행하고 유지 및 관리하는 활동이다.

### (5) 평가단계

평가단계에서는 프로그램을 실행한 이후 프로그램의 효과성 및 적합성을 측정하기 위해 총괄평가를 시행한다.

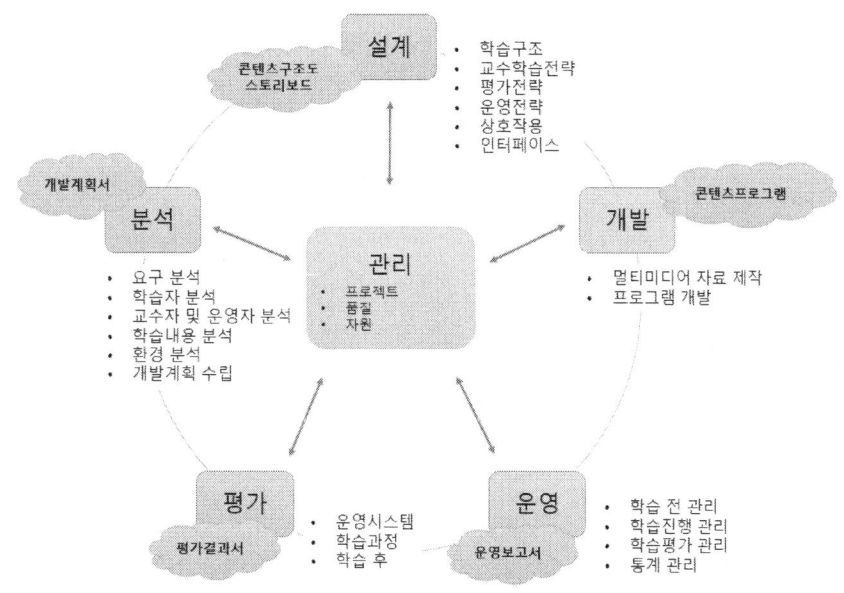

[그림 4-4] ADDIE 모형

## 3) Dick & Carey의 체제 접근 모형

전통적인 교실 수업은 교사, 학습자, 교과서 등의 요소로 구성되어 있다. 교사가 교과서를 학습자에게 잘 가르쳐야 하는 책임을 지고 그 내용을 학습자에게 잘 전달하여 평가에서 좋은 점수를 얻도록 하는 것이 일례이다. 하지만 최근의 교수 방법에 대한 일반적인 견해는 학습 목표, 환경, 방법, 매체 인프라, 도구 등 모든 요소가 잘 결합하여 조직적인 과정을 통해 효율적인 학습에 이바지한다는 것이다. 이러한 견해를 체제적 관점이라고 부르며 이 관점을 옹호하는 사람들은 교수설계 시 보통 체제 접근법을 쓴다(Dick & Carey, 2003).

체제(system)란 교수 과정 자체를 하나의 체제로 보며 이러한 체제는 교수 목적에 도달할 때까지 수정되며 창조적으로 개발된다. Dick & Carey의 모델은 체제 접근 모델이라고 하며 다른 모델들보다 다소 복잡하지 않은 편이나 다른 모델에 포함된 중요한 요소들은 거의 다 포함되어 있다. 체제 접근에 의한 교수설계 절차를 9단계로 제시하며 마지막 총괄평가는 교수설계자가 하지 않고 별도의 평가자에게 의뢰하므로 제외한다.

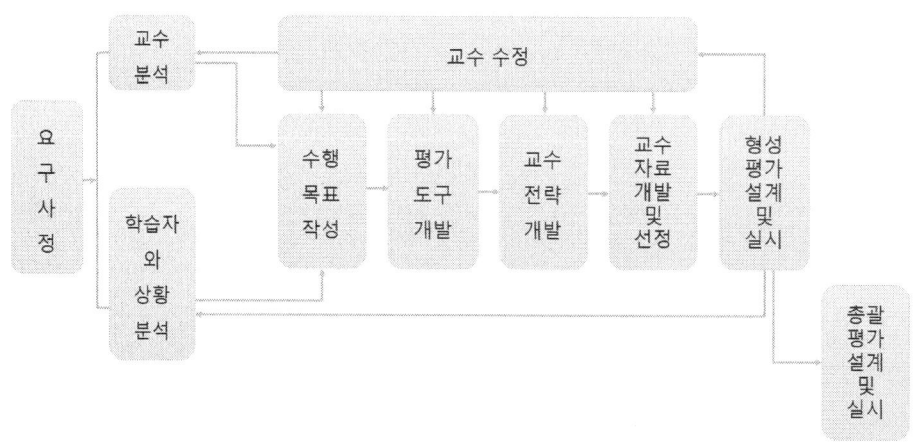

[그림 4-5] Dick & Carey의 체제 접근 모형

## 4) ARCS 모형

### (1) ARCS 이론의 배경

학습자의 학업능력은 학습자의 특성과 교수사태뿐만 아니라 학습자의 동기 수준과도 밀접한 관련이 있다. 학습의 결과는 학습자들이 학습에 의미를 부여하고 더 흥미를 느낄 때 더 높은 학업성취를 보일 수 있다.

Keller의 ARCS 이론은 집중(attention), 관련성(relevance), 자신감(confidence), 만족감(satisfaction)으로 네 가지 구성 요소로 이루어지며, 각 단어의 첫 글자를 따서 ARCS 모형이라고 한다. ARCS 이론은 학습 동기의 중요성을 체계적으로 제시하고자 학습 동기에 대한 설계 및 개발의 전략들을 밝혀내기 위한 기본적인 틀을 제공한다. ARCS 이론의 특성은 다음과 같다.

첫째, ARCS 이론은 인간의 동기를 결정지을 수 있는 다양한 변인과 그에 관련된 구체적인 개념을 통합한 네 가지 개념적 범주, 즉 주의(attention), 관련성(relevance), 자신감(confidence), 만족감(satisfaction)이 있다.

둘째, ARCS 이론의 교수·학습 상황에 동기를 유발하고 유지하기 위한 구체적이고 처방적인 전략을 제시한다.

셋째, ARCS 이론은 교수설계모형과 동시에 활용할 수 있는 동기 설계의 체제적 과정을 보여준다.

### (2) ARCS 이론의 구성요소

① 주의(attention)
첫 번째 요소는 주의이다. 수업에서 학습자들은 주의를 집중해야 한다. 학습이 일어나기 위해 학습자가 학습 자극에 흥미를 느끼고 주의를 기울여야 한다. 단순한 외적 자극(교탁 두드리기, 음성으로 집중시키기, 동작으로 집중시키기 등)부터 정신적인 자극을 일으키는 문제 제기에 이르기까지 다양한 자극으로 주의를 집중할 수 있다. 구체적인 전략으로 지각적 주의 환기, 탐구적 주의 환기, 다양성 등이다.

② 관련성((relevance)
두 번째 요소는 관련성이다. 학습에서 호기심이 유발되었다 해도 학습 내용에 아무런 관련이 없다고 느끼면 동기가 소멸한다. 학습 내용이 학습자의 미래, 취업, 진학, 관심사, 경험 등과 관련시킬 때 관심사가 확립된다. 관련성을 높이기 위한 전략으로 친밀성, 목적 지향성, 필요 또는 동기와의 부합성 강조의 전략 등이 있다.

③ 자신감(confidence)

세 번째 요소는 자신감이다. 자신감은 학습자가 성공에 대해 적극적인 기대를 할 수 있도록 도와줄 때 형성되는 것이다. 학습자는 학습에 재미와 필요성을 느끼면서 성공의 기회가 있다는 것을 인식할 수 있어야 한다. 학업성취도가 적정 수준에 도달하면 자신감을 심어주는 것이 높은 동기 유발 및 유지의 요소가 된다. 자신감을 높이기 위해서는 학습의 필요조건 제시의 전략, 성공의 기회 제시의 전략, 개인적 조절 능력 증대의 전략 등이 있다.

④ 만족감(satisfaction)

네 번째 요소는 만족감이다. 만족감은 자신의 학습경험과 성취에 대한 긍정적 느낌이다. 만족감은 학습자가 배운 것을 스스로 적용해 볼 수 있는 기회라고 생각하고 자신의 성공을 인정하는 것을 의미한다. 학습자가 학습 결과에 대하여 만족하면 학습 동기는 계속 유지될 것이며 학습 수행에도 영향을 미치게 된다. 만족감을 높이는 구체적 전략은 자연적 결과 강조의 전략, 긍정적 결과 강조의 전략, 공정성 강조의 전략 등이 있다.

ARCS 모형의 네 가지 구성 요소는 위에 제시한 것처럼 각각 세 가지 하위 구성요소로 세분된다. 하위 구성요소 각각에 대하여 관련된 문제를 <표 4-3>과 같이 제시하였고 이는 교사가 학습자의 동기를 분석하고 계획할 때 참고할 수 있다(송상호, 1999).

| 구성요소 | 하위 요소 | 동기 유발을 위한 주요 질문 |
|---|---|---|
| 주의 집중 (Attention) | 지각적 각성 | 흥미를 끌기 위해 무엇을 할 수 있을까? |
| | 탐구적 각성 | 탐구하는 태도를 어떻게 유발할 수 있을까? |
| | 변화성 | 주의 집중 유지를 위해 적절한 변화를 어떻게 줄 수 있을까? |
| 관련성 (Relevance) | 목적 지향성 | 학습자의 요구를 어떻게 최적으로 충족시켜 줄 수 있을까? |
| | 모티브 일치 | 최적의 선택, 책임감, 영향을 언제 어떻게 제공할 수 있을까? |
| | 친밀성 | 수업과 학습자의 경험을 어떻게 연결하게 할까? |
| 자신감 (Confidence) | 학습 요건 | 성공에 대한 긍정적 기대감을 어떻게 키워줄 수 있을까? |
| | 성공 기회 | 자신감을 향상하게 시킬 수 있는 학습경험을 어떻게 제공할까? |
| | 개인적 통제 | 자신의 성공이 스스로 노력과 능력에 의한 것이라고 느끼게 할 수 있을까? |
| 만족감 (Satisfaction) | 내재적 강화 | 학습한 지식/기능을 사용할 기회를 어떻게 제공할까? |
| | 외재적 강화 | 학습자의 성공에 대해 외적 강화를 어떻게 제공할까? |
| | 공정성 | 자신의 성취에 대해 어떻게 긍정적인 느낌이 들도록 할까? |

<표 4-3> ARCS 모형의 구성요소

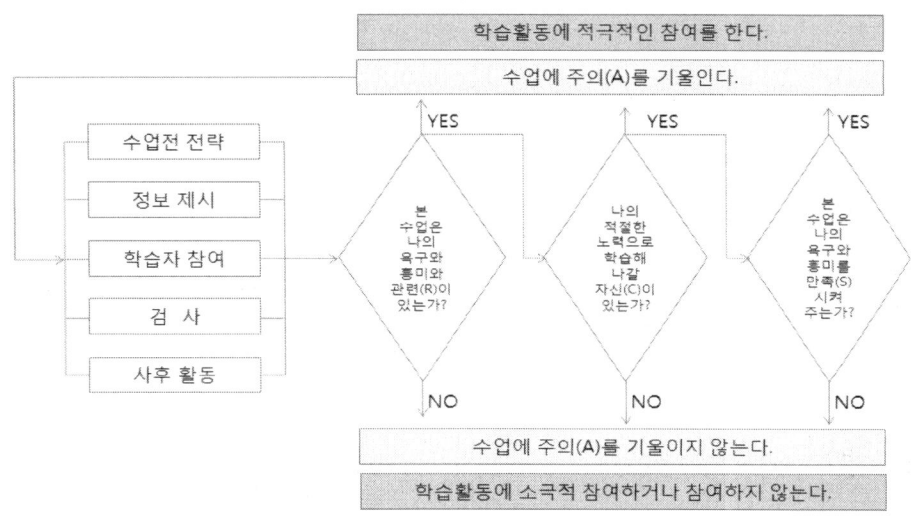

[그림 4-6] ARCS와 교수전략 요소와의 관계

### (3) ARCS 이론 적용한 수업 설계 사례

| 단원 | ⅱ 한자 성어 (3) 심화활동 |
|---|---|
| 일시 | 12월 01일 (월) 6교시 |
| 학습 시간 | 45분 |
| 장소 | 2학년 6반 교실 |
| 대상 | 중학교 2학년 6반 35명 학생 |

① 학습 목표

- 고사성어와 사자성어를 구분할 수 있다.
- 고사성어와 사자성어를 실생활에 이용할 수 있다.
- 학생들이 학습 내용을 능동적인 자세로 자연스럽게 익힐 수 있도록 지도한다.
- 고사성어와 사자성어의 의미를 되새기며 바람직한 인성을 함양하도록 지도한다.
- 선인들의 삶과 지혜를 이해하고 건전한 가치관과 바람직한 인성을 함양한다.

② 지도상 유의점

- 고사성어와 사자성어를 구분할 수 있도록 한다.
- 고사성어와 사자성어를 뜻을 해석할 수 있어야 한다.
- 선인들의 명문을 통해 배운 교훈을 생각하며 바람직한 인성을 함양하도록 지도한다.
- 학생들이 학습 내용을 능동적인 자세로 자연스럽게 익힐 수 있도록 지도한다.

| 학습 단계 | 학습 내용 | 교수-학습활동 | | 학습 형태 | ARCS | 시간 (누적) 분:초 | 학습 자료 |
|---|---|---|---|---|---|---|---|
| | | 교사 활동 | 학생활동 | | | | |
| 도입 | 주의 환기 | 수업 시작을 알린다. | 학생 모두 자기 자리에 앉아 수업 준비하고 교사에게 집중한다. 수업이 본격적으로 들어가기 전, 교사는 주의를 | 강의 | A | 1:00 (1:00) | |

| 학습단계 | 학습내용 | 교수-학습활동 | | 학습형태 | ARCS | 시간(누적)분:초 | 학습자료 |
|---|---|---|---|---|---|---|---|
| | | 교사 활동 | 학생활동 | | | | |
| | | | 환기한다. | | | | |
| | 전시학습확인 | **과제로 제시한 고사성어와** 관련된 배경을 몇 명의 학생을 지목하여 발표시킨다. | 저번 시간에 제시한 과제를 짚어준다. 그리고 학생을 지목하여 과제를 확인한다. | 강의, 문답법 | R, S | 3:00 (4:00) | |
| | 동기유발 | 유명인과 위인들의 인생과 관련된 자료를 제시한다. | 논어의 말씀을 인용하여 수업한다. | 강의 | A, C | 5:00 (9:00) | |
| 전개 | 전개1 | 학생들에게 고사성어 생애 그래프를 만들고 설명하는 방법을 예를 들어준다. | 자신의 미래를 상상하며 생애주기와 관련하여 구체적인 계획을 그리도록 한다. | 강의 | A | 2:00 (11:00) | 생애 그래프 제공, 신문·잡지 이미지 활용. |
| | 전개2 | 제시한 자료와 연관을 지어 자기 삶의 방향을 제시할 수 있게 하고, 미래 자신이 되고 싶은 사람에 대해서 상상해보고 그에 관련하여 **생애주기 그래프를** 그리도록 한다. | 생애주기 그래프를 그릴 수 있다. | 조별 활동 | A, R, C, S | 15:00 (26:00) | |
| | 전개3 | 생애주기 그래프에 시기마다 자신이 계획한 삶과 관련하여 고사성어를 제목으로 지정한다. | 생애 그래프를 그리고 생애 그래프의 시기마다 제목을 붙일 수 있다. | 조별 활동 | A, R, C, S | 4:00 (30:00) | |
| | 전개4 | 조를 만들어 학생들이 돌아가면서 서로 자신이 계획한 생애 그래프와 관련한 한자 성어를 이야기해주도록 | 4~5명 조를 구성하여 학생들끼리 2분씩 자신이 그린 생애 그래프를 한자성어를 **활용**하여 발표한다. | 조별 활동, 발표 | A, R, C, S | 10:00 (40:00) | |

| 학습단계 | 학습내용 | 교수-학습활동 | | 학습형태 | ARCS | 시간(누적)분:초 | 학습자료 |
|---|---|---|---|---|---|---|---|
| | | 교사 활동 | 학생활동 | | | | |
| 정리 | | 한다. | | | | | |
| | 전개5 | 그리고 생애 그래프를 보고 느낀 점을 롤링 페이퍼를 만들어 설명한다. | 구성된 조 구성원들의 생애 그래프 뒷면에 롤링 페이퍼를 작성한다. | 조별활동 | A, R, S | 3:00 (43:00) | |
| | 마무리 | 학생들에게 자신의 수업 평가(강의평가)를 조사한다. | 수업 평가지를 작성한다. | | S | 1:00 (44:00) | 수업 평가지 제공. |
| | 인사 | 꿈과 관련된 학생들의 동기를 부여하고 다음 수업을 예고하며 수업을 마무리한다. | 수업을 마무리한다. | 강의 | | 1:00 (45:00) | |

## 나. 대안적(구성주의적) 교수체제 설계 모형

### 1) Willis의 R2D2 모형

Willis의 R2D2(Recursive, Reflective Design and Development) 모형은 ADDIE 모형 대신에 정의(definition), 설계와 개발(design & development), 확산(dissemination)으로 세 가지 초점과 그 초점에 맞추어 수행해야 하는 과제를 제시한다. 이 모형의 특징은 전통적 거시적 모형과는 달리 명확한 시작과 끝이 없다. 그와 반면에 세 가지 주요 초점 사이의 끝없는 상호작용이 존재하며 같은 이슈가 여기저기에서 여러 번 반복되고 있어서 순환 반복적(recursive)이다. 또한 전통적 모형에서 나타나는 광범위한 다양한 예비적 분석보다는 창의적 과정인 설계와 개발을 더욱 중요시하는 모형이다.

목표와 평가에서도 전통적 모형과 차이가 있다. 이 모형은 명시적인 목표보다는 설계와 개발의 과정에서 자연스럽게 나타나는 목표에 의존한다. 이는 목표를 설정하고 이 목표 달성을 위하여 설계와 개발을 하는 전통적 모형과는 차이가 크게 난다. 평가에서는 학습자 모두에게 사용하는 준거지향평가를 지양하고 프로토타입 개발을 바탕으로 수정할 자유를 가진 설계와 개발의 여러 사람의 활동에 초점을 둔다. Willis(1995)가 주장하는 구성주의에 바탕을 둔 수압설계모형의 특성과 요소는 다음과 같다(정재삼, 1996 재인용).

- ISD 과정은 순환적이고 비선형적이어서 때로는 무질서하다.
- 계획은 체계적이지 않고 유기적, 발달적, 성찰적, 협동적이다.
- 목표는 분석에서가 아니라 설계와 개발의 작업 중에 나온다.
- ID 전문가는 맥락과 내용에 익숙해야 한다.
- 수업은 맥락에서 유의미한 학습을 중시한다.
- 총괄평가보다는 형성 평가가 중요하다.
- 객관적 자료보다 주관적 자료가 중요하다.

| 초점(Focal Ports) | 과제(Tasks) |
|---|---|
| 정의<br>(Definition focus) | • 진단분석(front-end analysis)<br>• 학습자 분석<br>• 과제 및 개념분석<br>(목표는 설계와 개발 과정에서 자연스럽게 등장함) |
| 설계와 개발<br>(Design & Development focus) | • 매체와 형태 선정<br>• 개발환경의 선정<br>• 산출물 설계와 개발<br>• 평가전략(형성 평가 중심) |
| 확산<br>(Disseminations focus) | • 최종 포장(packaging)<br>• 유포와 보급<br>• 채택(총괄평가가 중요시되지 않음) |

<표 4-4> R2D2 모형

## 2) The new R2D2 모형

Wills와 Wright(2000)는 Wills(1995)의 모형을 수정하여 새로운 R2D2 모형의 활동과 절차를 만들었다. 수업 설계 과정은 분명한 출발점도 최종점도 없는 비선형 과정이며, 설계자는 수업 설계의 촉진자가 되고, 설계 팀의 구성원과 의사결정 과정을 공유한다. 이 모형은 정의, 설계와 개발, 보급에 초점을 두었다. Wills와 Wright는 각 단계에 따라 세부 활동을 제시하였는데 세부적인 활동은 반드시 수행해야 할 절차가 아니라 일종의 제안이다. 설계단계에 따른 세부 활동을 살펴보자.

| 초점(Focal Ports) | 세부 활동 |
|---|---|
| 정의<br>(Definition focus) | 활동 1: 참여 팀의 구성과 지원<br>활동 2: 점진적 문제해결<br>활동 3: 실천적 지식 개발 또는 맥락적 이해 |
| 설계와 개발<br>(Design & Development focus) | 활동 4: 개발환경의 선정<br>활동 5: 협력적 탐구<br>활동 6: 산물 설계와 개발 |
| 확산<br>(Disseminations focus) | 활동 7: 개발된 자료 사용을 도와주는 활동 |

<표 4-5> Wills와 Wright의 새로운 R2D2 모형

정의(Definition focus)는 참여 팀 구성과 지원, 점진적 문제해결, 실천적 지식 개발 또는 맥락적 이해의 세 가지 활동을 포함한다. 그리고 이 활동들은 전체과정을 통해 주의를 기울여야 하며, 또한 전체 설계 활동의 부분이며 설계 초기에 일어나는 활동이 아니다.

설계와 개발(Design & Development focus)은 하나의 통합적 과정으로서 개발환경을 선정하고 만들어진 설계안이 제대로 만들어졌는지 팀원들끼리 합의해나가는 협력적 탐구, 그리고 구체적인 산물을 설계하고 개발하는 활동으로 이루어진다. Wills와 Wright는 설계와 개발이 통합되는 이유는 최근의 다양한 저작 도구들이 효율적이고 융통성 있게 활용할 수 있기 때문이라고 한다.

확산(Disseminations focus)은 교사와 학습자가 개발된 자료를 적절하고 효과적으로 활용할 수 있도록 도와주는 활동을 말한다. 특수 맥락적 상황에서 교사가 해당 자료를 제대로 활용하도록 지원하고 다양한 경험 또는 많은 경험을 한 다른 교사와 공유해야 한다는 것이다.

이러한 구성주의적 수업 설계 모형은 어떤 유형의 상황에서도 적용이 가능할 수 있도록 제공하는 것이 핵심이다. 수업설계자가 어떤 경향성에서 벗어나 구체적인 맥락에 초점을 두고 여러 사람과의 협력 과정을 통해 문제를 해결하고 다중적 관점에서 바라보며 구성하는 것을 강조한다.

## 다. 수업 과정에서의 수업모형

Dunkin과 Biddle(1974)은 교수의 효율성과 관련 있는 변인들을 추적하여 과정-산출의 관계뿐만 아니라 교사의 특성, 상황 변인을 포함한 수업의 효율화 연구 모형을 개발하였다.

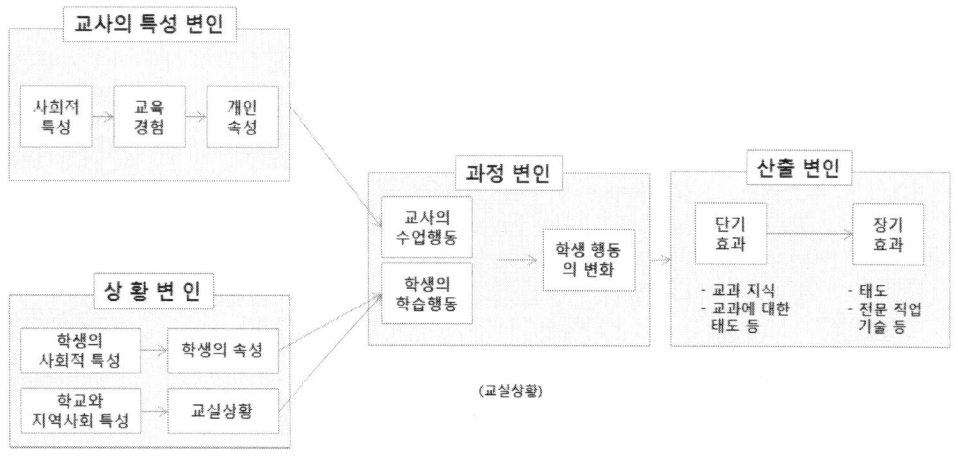

[그림 4-7] 수업의 효율화 연구 모형(Dunkin & Biddle, 1974)

# 5장

## 새로운 시대의 메타 수업과 리더십

# 1. 새로운 시대의 메타 수업

## 가. 새로운 시대, 인간이란 무엇인가를 새롭게 고민

코로나19로 인한 비대면 시대가 기존 질서와는 완전히 다른 새로운 세계를 보여줬기에 인간의 삶도 색다른 시각으로 살펴보는 관점의 대전환이 필요하다.

특히 인간이 오프라인 대면 환경에 익숙한 '단일자아'라는 고정관념에서 나아가 '다중자아'를 가진 복합적인 존재라는 점을 현대심리학자와 철학자의 접근방식을 받아들여 새롭게 조망해볼 필요가 있다.

또한, 인간은 '이성적인 존재'라는 기존 전제도 뒤집어 다른 다중인격 및 감정의 지배로 좌지우지되는 '정서적 동물'이라는 사실도 받아들여야 할 것이다.

기능적 자기공명영상장치(fMRI) 등의 첨단 과학기술로 인간의 뇌 속 미세한 부분까지 속속들이 촬영할 수 있는 시대이기에 합리적 분석을 통한 인간의 재해석에도 관심을 기울여야 한다.

DNA 게놈 및 유전자지도를 통해 그동안 몰랐던 인체의 신비가 속속 밝혀지고 있어 인간 재발견은 이제 시대적 현상이 되어 버렸다고 할 것이다. 따라서 이런 시점에 가상공간의 또 다른 나를 알고 인간이란 도대체 무엇인지를 새롭게 고민할 필요가 있다.

가상공간에서의 동기와 욕망은 또 어떻게 바라봐야 할 것인지 기존 매슬로의 욕구단계이론(Maslow's Hierarchy of Needs)도 새롭게 조망해보아야 할 것이다.

## 나. 현대심리 철학적 의미를 담은 메타버스 개념으로 업그레이드

프로이트(Sigmund Freud)의 무의식세계 지배, 칼 융(Carl G. Jung)의 집단 무의식, 아들러(Alfred Adler)의 개인 분석 심리학적 토대를 바탕으로 가상공간은 인간의 내면세계를 밖으로 잘 표현해내는 방식을 채택해야 한다.

현상학자 메를로 퐁티(Maurice Merleau-Ponty), 데닛(Daniel Dennett), 비트겐슈타인(Wittgenstein) 등 현대철학자가 "마음은 뇌가 그려낸 가상현실"이라는 말처럼 메타버스에 철학적인 코드가 담겨 인간의 사유체계를 담아낼 수 있도록 해야 한다.

## 다. 메타버스 콘텐츠, 서비스, 플랫폼 등 기능적 구분도 필요

현실적으로는 플랫폼 중심으로 기존 e러닝 콘텐츠 활용해 다채로운 수업이 진행될 수 있도록 운영의 묘 발휘가 관건이다.

메타버스 콘텐츠 개발 및 서비스 전문인력 양성도 향후 과제로 가상환경에 대한 충분한 이해를 바탕으로 젊은 세대 감성 충족시켜야 한다.

2021년 12월, 이투스교육은 KT DS와 손잡고 입시업계 최초로 메타버스 플랫폼 '엘리펀(ELIFUN)' 서비스를 시작했다. 개인 학습 현황을 관리하고 아바타를 꾸미며, 강사의 강의를 듣고 학습 평가를 할 수 있는 공간 등 학원 교육 서비스 전반을 메타버스로 구현했다.

## 2. 메타버스 교육 리더십

  그동안 "리더십"이라고 하면 왠지 권위적인 카리스마에 끌려가는 느낌이 들어 부담스럽기도 하지만 이를 우리 주변 가상환경 생활 속으로 가까이 당겨보면 어떨까?

  코로나19 이후 급격하게 진행된 비대면 사회에서 온라인 혹은 가상공간에서 마주칠 일이 많아져 수평적인 관계망 속에서 부드러운 공감 기반의 협력적 소통 리더십이 새롭게 요구되고 있다. 기존 오프라인 기반의 대면 리더십은 일사불란한 수직적 권위에 의해 작동되었다면 변화된 메타버스 환경에서는 새로운 리더십이 필요하기에 이에 대한 대비 또한 절실하다.

  이제껏 리더십 하면 거창한 마음가짐이 필요할 듯하지만, 가상환경 아래에선 수평적 소통을 중심으로 한 편안한 관계지향의 리더십을 지향하고 있어 새로운 마음가짐이 뒤따라야 할 것이다.

  그간의 리더십 환경이 많이 바뀌어 인터넷을 통한 쌍방향 소통으로 급격하게 변화가 초래되어 기존의 일방적인 상명하달식 지시 중심에서 팔로워의 참여와 선택에 따른 새로운 리더십 지평이 열리기 시작했다.

  더구나 코로나19 이후 뒤바뀐 상황에서 지속할 수 있는 리더십이 통하도록 가상환경 속에 깊이 뿌리내리는 유연하고 구체적인 온라인 생활 속 리더십에 관한 관심이 높아지고 있다.

  인간의 오랜 숙제인 "자주성과 모방"의 경계에서 생활 속 리더십을 위해 어떤 취사선택을 할 것인가에 대한 고민을 바탕으로 수요자 관점에서 소시민적 삶에 도움이 되었으면 하는 바람으로 리더십을 선도하는 <설득포럼> 활동과 20년 이상 온라인 교육(e러닝) 쪽에 일한 그간의 경험과 활동을 바탕으로 메타버스 교육 리더십을 새롭게 정립하고자 한다.

  특히 한국U러닝연합회 소속 이러닝지도사는 말 그대로 이러닝 전문가가 되어 이러닝을 선도하는 임무를 맡고 있기에 코로나19 이후 비대면 온라인세상에서 더욱 그 역할이 중요하다. 따라서, 이러닝지도사가 온라인 쪽 교육을 원활하게 하기 위한 소통 리더십의 핵심 인자이므로 비대면 시대의 소통 촉진을 위한 매개자 역할을 다해야 할 것이다.

그러므로 생활 속 온라인 리더십 측면에서 그 중요성이 더욱 빛나기에 이러닝지도사의 심화한 학습역량 강화와 이를 바탕으로 한 주요 활동 상황을 살펴보는 것도 배울 점이 많을 것이다.

## 3. 메타버스 공간 속 온라인 리더십 개요

### 가. 인간의 오랜 역사요 미래인 리더십

'인간은 무엇인가?', '역사를 통해 무엇을 배울 것인가?'에 대한 수많은 말과 글, 그리고 문명사를 통해 걸러진 인간존재의 의미를 바탕으로 우리 실생활에 도움이 되는 메타버스 교육 리더십을 다져 보자.

인간은 역사 이래로 끊임없이 미지의 세계를 탐구해 과거에 머물지 않고 다음 세상으로 <건너가기> 위한 노력을 꾸준히 해온바, 동물과 다른 인간의 차별성이 바로 이런 '지적인 활동'과 '문명사적 교류'를 통해 더 나은 세상을 향한 진화에서 비롯된다.

리더십은 처음 군대에서 전쟁의 승리를 위해 개발된 통솔 차원의 "지휘"로 시작되어 이후 조직의 목적에 부합하는 방향으로의 전진을 위해 기업, 대학, 정부 기관 등으로 확장되어 이제는 광범위하게 개인이나 구성원들의 '조직관리'와 '관계망 기반의 합리적인 교류 활동'의 개념으로 그 범위가 넓혀졌기에 메타버스 교육에도 새로운 온라인 리더십이 중요하다.

## 나. 관계 중심의 생활 리더십

끊임없이 변화를 거듭해온 인간의 역사와 함께 진화해온 삶 속에서 자연스럽게 만들어지는 리더십이기에 시대 상황에 맞게 사람의 마음을 사로잡는 다양한 기법으로 그 모습을 달리해온바, 자세히 살펴보면 그 뿌리는 인간관계이므로 사람 사이의 "관계"에 대해 개략적으로 살펴보고 리더십의 변화를 짚어 보자.

관계는 기본적으로 종족 중심의 "씨"와 "혈연"을 바탕으로 한 유교적 사상과 대비되어 생활하면서 맞닥뜨리는 인연을 기반으로 한 문명적 연결망 속에서 이뤄지는 네트워크 구조로 유연성을 띤 유동적 전체성을 지향하는 성격이 강하다.

인간관계는 크게 정치, 경제, 문화를 비롯한 사회적 관계망 속에서 변화를 해왔기에 크게는 산업혁명 이전의 봉건적 권위주의 역사가 산업화 이후 과학기술 문명의 발달로 큰 변화를 겪은 뒤에 자본과 개인의 자유를 바탕으로 새로운 패러다임이 열려 개별 인간의 주체성이 크게 드러나기 시작했다.

따라서 인간관계가 수직적인 종속관계에서 수평적인 네트워크로 진화해 권위적인 명령과 복종 일변도에서 상호 간의 계약과 협력을 중시하는 흐름이 점차 강조되어 유연한 연결망이 관계의 축으로 작동되고 있다.

물론 산업화를 먼저 겪고 세계화를 주도한 서구의 국민과 달리 열강의 제국주의 침략으로 식민지를 겪고 산업화를 이식당한 아시아와 아프리카의 인간관계 역사는 사뭇 다를 수밖에 없지만 그나마 보편성을 띠는 면과 특수성이 그대로 있기에 "따로 또 같이" 접근하는 것이 필요할 것이다.

이런 역사적 문화적 환경 차이를 바탕으로 인간관계 속 리더십의 변화 또한 보편과 특수성을 고려하고 나라와 시기별로 차별성을 인정한 채 유연한 접근방식으로 리더십 유형을 살펴보고 상황에 맞는 맞춤형 전략이 요구된다.

## 다. 리더십의 변화

리더십 이론은 <통솔적 리더십>에서 시작되어 그다음 단계로 <변혁적 리더십>과 <진성 리더십>을 거쳐 최근 4차 산업혁명의 시기에 인공지능 등 첨단 기술 발전과 맞물려 새로운 모습으로 진화를 거듭하고 있고, "설득포럼"에서 <DEEP Leadership>을 화두로 내세워 변화된 상황에 걸맞은 리더십의 새 지향점을 모색하고 있다. 내면적 소통 중심의 DEEP Leadership이 비대면 시대의 온라인 영향력 확대와도 연관이 깊을 것으로 기대된다.

더구나 코로나19 이후 또 한 번 대격변기를 거치고 있기에 "파괴적 기술혁신"과 함께 초래되는 엄청난 변화의 파장을 더욱 자세히 관찰해야 할 것이다. 특히 인공지능과 빅 데이터를 통한 IT 기술 발달로 인간의 정체성이 위협받고 있는 상황을 고려해 차별화된 "인간의 길"에 따른 리더십의 변화도 함께 고민돼야 하겠다.

## 4. 리더십 역량 강화 전략

메타버스 환경에서 특히 가상공간의 분위기를 이끌 주도성이 중요하고 또 이를 실천할 용기가 뒤따라야 할 것인바, 주도성과 용기를 중심으로 리더십 역량 강화의 덕목을 살펴보고 그에 맞춘 메타버스 교육 리더십을 키워나가자.

### 가. 용기와 개인적 주도성

가상공간의 리더십 발휘에 있어 용기와 주도성은 리더 개인이 솔선수범해 앞장서 나가는 주동의 역할과 그에 따른 책임을 지고 문제해결을 당당히 해 나가는 의지에 달린 것이다.

따라서 용기와 주도성은 리더의 자질, 함량, 역량과 덕목에 해당하는 것으로 결국 사람의 문제로 귀결되기에 리더 개인의 품격을 얼마나 높일 수 있느냐에 따라 달려 있다.

I know of no more encouraging fact than the unquestioned ability of a man to elevate his life by conscious endeavor.

인간에게는 의식적인 노력으로 자기 삶을 높일 능력이 분명히 있다는 것보다 더 용기를 주는 사실은 없다.
- 헨리 데이비드 소로(Henry David Thoreau, 미국의 사상가 겸 문학자)

여기서는 심리 전문가 브레네 브라운(Brene Brown)의 <리더의 용기(Dare to Lead)>와 개인심리학의 창시자 알프레드 아들러(Alfred Adler)의 <다시 일어서는 용기(What Life Should Mean to You)> 및 한국설득연구소 김종명 박사의 <주도성과 패턴>을 중심으로 살펴보고자 한다.

### 1) 브레네 브라운의 '용기'

대담하게 일하고 냉정하게 대화하고 매 순간 마음을 다하는 리더의 용기를 중심으로 주변의 요구에 맞추고 남에게 인정받으려고 안달하는 삶은 위험하다. (브레네 브라운, 리더의 용기, 갤리온, 2019)

용기를 선택하는 순간, 실패와 실망과 좌절, 심지어 마음이 찢어지는 듯한 슬픔까지 각오해야 한다.

#### (1) 취약성을 받아들이는 용기

취약성에 대한 잘못된 믿음 6가지를 살펴보자.

- 취약성은 약점이다?
- 나는 나약하게 행동하지 않는다고?
- 나는 혼자서 할 수 있다?
- 불확실성과 심리적 불편함을 조절 가능?
- 취약성보다 신뢰가 먼저?
- 속마음을 드러내는 건 약한 모습?

당신이 얼마나 취약한 사람인가를 받아들이고 또한 감추고 싶은 모습을 마주할 용기가 리더에게 꼭 필요하다.

### (2) 가치관에 따라 살아가기

무릇 리더는 구성원들에게 가치관에 따라 살아갈 것을 공유해야 한다.

- 1단계: 가치관에 적절한 이름을 지어라.
- 2단계: 실천하는 가치관으로 만들어라. - 미덥지 못한 행동 제거한다.
- 3단계: 공감과 자기연민 - 응원군을 가장 중요한 좌석에 앉히자.

### (3) 대담하게 신뢰하기

조직의 신뢰도를 평가하는 7가지 기준을 살펴보자.

- 경계(Boundary)
- 신망(Reliability)
- 책임(Accountability)
- 함구(Vault)
- 성실(Integrity)
- 무비판(Nonjudgmental)
- 너그러움(Generosity)

대담한 리더십과 졸장부 리더십은 어떤지 살펴보자.

- 건전한 분투, 공감, 자기연민을 권장한다.
- R&R 철저 관리: Role & Responsibility, 역할 부여 잘하고 책임감 있게 일을 수행토록 한다.
- 항상 고마움을 표시하고 중요한 성과와 승리를 칭찬한다.
- 경계를 설정하고 진정한 편안함을 얻는다.

- 강건한 등, 온화한 가슴, 용맹한 심장을 융합한다.
- 항상 배우는 자세로 바로잡으려고 애쓴다.
- 명확하고 친절하게 행동하며 희망을 제시한다.
- 의견을 말하고 위험을 감수한다.
- 조직원과 함께하려는 목적에서 권력을 행사한다.
- 공유된 목적을 위한 헌신을 유도한다.
- 두려움과 불확실성을 공개적으로 인정하고 정상화한다.
- 성과에 대해 보상하며 적절한 훈장을 수여한다.

무감각하게 대응하고 냉소주의 뒤에 숨고 실패를 두려워하며 상처받은 마음으로 조직을 망가뜨리려 드는 졸장부는 아닌지 살펴봐야 한다. 고로 리더는 지위나 권력을 휘두르는 사람이 아니라 구성원들과 아이디어의 가능성을 알아보고 그 잠재력에 기회를 주는 용기 있는 사람이 되어야 한다.


### (4) 대처를 잘해야 하는 감정을 떠넘기는 6가지 기법

- 샹들리에: 천장에 달린 샹들리에까지 분노가 치달을 정도로 최악의 감정 떠넘기기 실패 사례를 상징한다.
- 상처의 보호: 상처를 어루만지고 제때 치료할 수 있도록 연민과 위로가 필요하다.
- 상처의 마비: 상처로 인해 감각이 마비되지 않도록 심리상담 및 적절한 치료가 필요하다.
- 상처의 비축: 상처가 쌓여 곪아 터지지 않게끔 적절한 관리가 필요하다.
- The Umbridge: 해리포터 불사조 기사단 속 깜찍한 마법사 돌로레스 엄브릿지(Dolores Umbridge)처럼 재치 있고 유연하게 대응하자.
- High Center 인정: 진퇴양난에 빠질 수 있다는 상황을 미리 받아들여 감정의 수문을 활짝 열자.

리더는 정신력 관리 차원에서 명상 등으로 심신 관리에 신경 쓰고, 4초 동안 숨을 크게 쉬고 위 팽창시키기 및 숨 멈추기를 실시해 자기조절 능력을 키워야 한다.

## 2) 아들러의 용기

인타라망(因陀羅網, 부처가 세상 곳곳에 머물고 있음을 상징하는 말) 속 개인이 반짝반짝 빛을 내는 "용기"는 자신에게 인생의 의미 부여와 함께 지구에서의 삶에 있어 필요한 존재로 타인에게도 도움을 줄 수 있는 기폭제로서 불꽃 같은 에너지를 제공한다.

한 번뿐인 인생, 거침없이 값지게 살자는 격려로 알프레드 아들러는 그의 책 "다시 일어서는 용기"를 이 세상 사람들에게 선물했다.

## 나. 주도성의 패턴[1]

사람들과의 관계 속에서 일정한 패턴을 읽고 그에 적절한 자기의 표현을 자기주장(Assertiveness)이라 할 때 상황별 대처법을 패턴 중심으로 살펴보면 공교롭게도 정형화된 유형을 발견할 수 있다.

"주도성"은 자기중심을 튼튼히 하고 굳건하게 자신을 먼저 다진 뒤 주동적인 처지가 되어 이끈다는 뜻으로 주도성 연구의 대가인 미국의 미셸(Fiona Michel) 박사는 "자신과 상대방의 요구(needs)를 파악하고 동시에 동등하게 존중하고 고려하는 상호승리(win-win)"라고 정의하였다.

즉, 자기 이익만 추구하면 공격적으로 되기에 서로 도움이 되는 상황을 만드는 게 진정한 주도성이라고 여겼다.

아울러 미국 토크쇼의 대가인 오프라 윈프리(Oprah Winfrey)는 주도성을 "제 목소리 내기(Assertiveness)"라고 정의하며 당당하게 자기의 주장을 내세울 것을 강조해 눈길을 끈다.

이런 측면에서 우리 선조들의 유산 중 <선비정신>은 여러모로 긍정적인 측면을 담고 있는데, 그중에서도 두려움을 모르는 진정한 용기를 역설한 "주도성"을 꼽을 수 있는

---
[1] 김종명, 설득 블랙북, 한국설득연구소 출판, 2014

바, 내 목에 칼이 들어와도 올바른 이야기라고 생각하면 바른말을 한다는 것이다. 그러려면 다른 사람에게 의지하지 않는 독립성이 유지되어야 하기에 자급자족을 기반으로 당당하게 자기 목소리를 내되 나와 타인의 이익을 동시에 고려하는 것이 진정한 "주도성"을 실현할 수 있다.

이러한 주도성은 우리를 건강하게 만들고 떳떳하고 당당한 자신감으로 주동적인 처지가 되어 구성원들을 이끌게 할 수 있다.

모 조직의 한 팀을 사례로 들여다보고 개인 간의 대응 패턴을 살펴보자. 이들의 임무는 회사의 신제품을 고객들에게 방문하여 소개하고 판매하는 것이다. 팀장 휘하에 A, B, C, D 네 명의 팀원이 있다. 이들은 이번 달 목표 달성을 위해 동분서주하고 있다. 그런데 이들의 영업 스타일은 각기 달랐다.

A는 자기 개인 목표를 달성한 후 목표미달 팀원을 도와주거나 지도해주기도 한다. 개인 목표뿐만 아니라 팀 목표까지 함께 챙기기 때문에 다른 팀원들에게도 인기가 높다.

B는 팀원 중 그 누구보다도 열심히 일한다. 하지만 마음이 여리고 다른 사람의 부당한 요구를 거절하는데 서투르다. 그러다 보니 자신이 올린 실적 일부를 다른 팀원에게 양보하기도 한다.

C는 영업실적보다 다른 데 신경을 많이 쓴다. '어떻게 하면 좀 더 나은 직장으로 옮길 수 있을까?', '어떻게 하면 좀 더 쉽게 돈을 챙길 수 있을까?' 이런 고민을 많이 하다 보니 늘 실적 달성이 저조하다. 그래서 편법을 자주 동원한다.

D는 처음부터 영업에 취미가 없었다. 다른 부서로 이동을 희망했지만 아무도 그를 오라고 하는 데가 없었다. 그러다 보니 영업에 의욕도 없고 재주도 부족하다. 할 수 없이 다른 팀원들에게 빌붙어서 먹고 살아간다.

이 중 어떤 팀원이 가장 주도적이고 건강하게 보이는가?

자세히 내막을 살펴보건대, 일은 잘하고 인정은 받고 있는데 반대로 내면은 썩을 대로 썩어 우울증으로 치료받고 있다면?

자칫 공격적이거나 수동적인 사람 모두에게는 자기 비하와 타인 비난이 난무하지만, 반면 주도적인 사람에게는 진정한 자기 존중과 타인 배려가 있기에 스스로 건강하다. 스스로 건강해질 수 있는 것이 주도적인 사람이 누리는 최고의 자기 혜택이다.

<주도패턴>은 이런 주도성을 현장에서 효과적인 커뮤니케이션으로 발휘하는 간단명료한 대화방식이기에 상대방과의 초기 만남에서 한두 마디 말로 판가름 날만큼 아주 중요한 핵심 소통전략이다.

주도패턴에 관한 공식은 미국의 패터슨(Kerry Patterson) 등 3명이 저술한 "Crucial Conversation Tools"에서도 다뤄지기도 하는 등 많은 전문가에 의해 연구 개발 되어 왔다.

그중 한국설득연구소 김종명 소장이 2011년 발간한 <설득의 비밀, 실천 편>이 그간의 공식들을 집대성한 저술로 아래와 같이 다섯 가지 주도패턴을 유형화했다.

- 이슈 재정의: "중요한 것은 A가 아니라 B이다"라고 다시 말한다.
- 조건부 동의: "맞아요. 그런데 조건이 하나 있습니다."라고 동의 후 의견을 덧붙인다.
- 부분 거절: 요청한 사항 중 "이것만큼은 곤란합니다. 다음에 더 이야기 나눠보죠."라고 부분 거절한다.
- 비대칭 역설: 큰 요구를 한 뒤 작은 안건으로 전환한다.
- 반전 질문: 처지 바꿔서 다른 방법으로 질문을 한다.

## 다. 창의적 발상

리더의 상상력은 조직의 향후 발전 방향과 비전 설정에 있어 아주 중요한 역할을 하므로 날마다 새롭게 보는 자세로 창의적 발상을 키우는 자세가 필요하다.

창의적 발상을 잘하기 위해 독창성을 바탕으로 왜 필요한지 그 이유와 다양한 기법들을 소개하고자 한다.

조셉 매키니스(Joseph MacInnis)는 그의 책 <Deep Leadership: Essential Insights from High-Risk Environments>에서 제시한 북극해의 빙하 아래와 같은 고위험 환경을 여행할 때 필요한 12가지의 리더십 자질(Essential Traits of Leadership)로서, 상상력(Strategic Imagination)과 독창성(Fierce Ingenuity)을 들고 있다.

"상상력(想像力)"은 글자 그대로 '상상하는 힘'이다. '상상'이란 '실제로 경험하지 않은 현상이나 사물에 대하여 마음속으로 그려 보는 일'이며, '구체적인 모습까지 머릿속에 그려 보는 일'이다. 기업과 공공기관 등 조직의 관점에서 보면, 특별한 자원 투입 없이, 미래 상황을 예측하거나 과거나 현재의 드러나지 않은 상황이나 사실을 추정하는 일이며 이를 통하여 원인과 결과의 전개, 즉 인과관계를 그려 볼 수 있는 일이기에 결코 가볍게 볼 수 없다. 상상력은 훈련으로 강화될 수 있다. 적절한 훈련을 통해 강화된 상상력을 통해 우리는 힘 있는 상상을 할 수 있다. '힘 있는 상상'이런 객관적으로 부인하기 힘든 실험 결과나 과학적 근거까지 동반함으로써 이를 신뢰하고 타인과 공유하기에 유리한 상상이다.

"독창성(獨創性)"이란 '다른 것을 모방함이 없는 창의적인 성향이나 성질'을 의미한다. '창의'란 '새로운 의견을 생각하여 내는 일이나 그러한 의견'을 말하는데 이렇게 하려면 '상상' 활동이 필수이며, 그렇다면 이 역시 구체적인 모습까지 머릿속에 그려 보는 일이 된다. '새로운 생각 또는 상상'이란, 다른 이나, 다른 조직, 다른 기업이나 나라와 비교해, 또 내부적으로는 과거보다, '새로움·차별성·경쟁력이 있는 생각 또는 상상'을 의미한다.

"창의력(創意力)"은 새로운 것을 생각해 내는 힘이며, 이 역시 훈련으로 강화될 수 있다. 특히 목표에 공감하고 집중할 때 더욱 크게 강화될 수 있다.

## 1) 창의적 발상이 리더에게 필요한 이유

고개를 들어 별들을 보라! 제발, 당신 발만 내려다보지 말고!
우리는 우리가 잘 알지 못하는 것을 서로에게 설명하고 있다.
- 스티븐 호킹(Stephen William Hawking, 영국의 우주 물리학자)

우리는 시시각각 '새로운 일', '경험하지 못한 문제'에 당면하고 있으며, 많은 경우 미처 충분한 준비와 능력을 갖추기도 전에 조속한 문제해결을 요청받기도 한다.

특히 과학기술의 발달로 변화의 속도가 엄청 빠른 지금의 시대에 과거의 방식으로 문제를 해결하기에는 걸림돌이 너무 많으므로 지금의 다양한 문제를 해결하는 데는 창의적 발성이 더욱 중요하다.

## 2) 과거는 추억 속에, 미래는 상상 속에

리더의 능력이 가장 크게 요구되는 시점은 출발점과 전환점으로 출발선에서 리더는 조직이 나아가야 할 지향점과 왜 그래야만 하는지 당위성을 제시할 수 있어야 한다. 전환점에서는 구성원들에게 변화의 지점이 왜 중요한지 그리고 새로운 지향점이 어디인지를 제시할 수 있어야 한다. 결국 리더에겐 '가보지 않고도 미래 그곳의 상황을 알아차리는 힘'이 필요한데 어떻게 하면 그렇게 할 수 있을까?

리더는 미래에 발생할 수 있는 여러 가지 돌발적 상황을 예측해 볼 수 있는데, 자기 상상력으로 그렇게 할 수 있다. 리더 대부분은 자신의 리더십이 발휘될 주위 환경에 영향을 미치고 있거나 또 영향을 줄 수 있는 주요 요소들을 파악하고 있기 마련인데, 리더는 마음속으로 그 요소들로 이루어지는 여러 가지 다른 결합을 상상할 수 있어야 하고 그 결합이 어떤 결과를 만들어낼지 내다볼 수 있어야 한다.

리더는 자신의 상상 속에서 시설이나 장비, 예산과 같이 자신이 움직일 수 있는 자산을 이러저러한 상황으로 옮겨보고 그러한 상황에서 해당 자산들이 서로 어떠한 영향을 미치고 어떠한 성과를 만들어내는지 이해할 수 있어야 한다.

리더는 자신의 상상 속에서 조직의 구성원들에게 이러저러한 역할을 부여해보고, 그들이 새로운 상황에 어떻게 반응하고 대처해나갈지 파악할 수 있어야 한다. 리더는 자신의 상상 속에서 자신의 팀원들이나 고객들의 심리상태를 추정해 볼 줄 알아야 하고, 자신의 결정과 행동에 따라 그들이 어떤 다른 상황을 만들어낼지 예측할 수 있어야 한다. 만일 리더가 그의 상상력만으로 그런 일을 잘 해내지 못한다면, 적어도 그는 빠르게 변화하는 상황에 대해 시의적절한 의사결정과 행동이 요구하는 일에 대해서는 부적합한 리더라고 할 수 있다.

요즘 세상에 명백하고 구체적인 데이터를 바탕으로 명확한 의사결정을 내릴 수 있는 경우가 얼마나 될까? 새로운 문제 상황을 마주할 때마다 실험실에서 그 상황을 만들어보고 그 문제를 해결할 수 있는 여러 개의 가설을 찾고, 가설마다 여러 차례 실험을 통해 명확한 답을 찾을 수 있는 경우가 얼마나 될까? 또 가능하다 해도 과연 그렇게 하기 위한 시간과 비용, 그리고 위험부담을 안을 수가 있을까?

앞서 이야기한 바와 같이 상상에는 특별한 자원의 투입이 요구되지 않는다. 이것이 우리가 상상력의 매력에 끌리게 되는 무시할 수 없는 이유이다.

### 3) 리더 스스로가 꼭 창의적이어야 하는가?

리더에게 창의적 아이디어가 강조되는 이유는 결코 리더 자신이 유능해지기 위함이 아니다. 많은 경우, 리더의 역할은 구성원들 가운데 상상력과 창의력이 뛰어난 사람들을 알아보고 그들을 키우는 것만으로 충분하다. 그런 다음 그들의 상상력과 창의적 아이디어를 활용하면 되는 것이다. 어떤 면에서는 리더가 뛰어난 상상력과 창의력을 갖는 것보다 구성원들이 뛰어난 상상력과 창의력을 갖추는 것이 더 중요하다고 할 수 있다. 사실 조직이 행하는 실제적이고 구체적인 행동들은 그들 구성원에 의해 행해지기 때문이다.

그러나 현실에서는 '닫혀있는 자기 경험에 기대어 세상을 이해하고 미래를 열어갈 열쇠를 찾으려는' 이른바 '박스 사고'에 갇혀있는 리더들을 발견하는 것이 그리 어렵지 않은 일이며, 이러한 리더는 조직구성원들의 풍부한 상상력과 창의력을 제대로 발견하기 어렵다.

### 4) 뛰어난 상상력, 창의력, 통찰력

조직이 구성원들에게 뛰어난 상상력과 창의력 그리고 통찰력을 기대하는 이유는 무엇인가?

첫째는 대응할 시간이 충분하지 않은 이 시대의 가속적 변화에 효과적으로 대응하기 위해서다. 크고 빠르고 근본적이고 다양한 변화가 일상인 시대에, '나이 든 인재'(시니어)들의 강점이었던 '경험과 그에 기반을 둔 해법'은 이제는 문제해결에 결정적 도움이 되기 힘들다. '과거의 경험과 그에 기반을 둔 해법'이 물러난 자리를 '상상과 창의 그리고 통찰과 그에 기반을 둔 해법'으로 채워야 하는 것이 시대적 요청이다.

다만 상상과 창의 그리고 통찰과 그에 기반을 둔 해법이 결코 '새로운 인재'(주니어)들의 전유물이 아니라는 사실이 중요하다. 혁신을 다짐하는 시니어들로부터도 능히 얻을 수 있다. '상상과 창의 그리고 통찰'과 '사람의 나이' 사이에 밝혀진 유의미한 상관관계는 없다.

둘째는 미래를 제대로 보는 사람이나 조직, 기업이나 사회나 국가가 경쟁력을 갖기 때문이다. 미래를 제대로 보는 힘은 '필요 충분한 정보에 기반을 두어서', '틀에 얽매이지 않는 상상과 창의에서' 그리고 '핵심을 꿰뚫어 보는 통찰'에서 얻을 수 있다.

그리고 상상과 창의 그리고 통찰이 더 큰 힘을 받기 위해서는 이를 다른 이와 쉽게 공유할 수 있는 문서의 형태로 만들어야 할 필요가 있다. 우리가 생각하는 바를 글로 적을 수 없다면 결코 그것을 분명히 알고 있다고 할 수 없기에, 특히 리더에게는 그런 능력이 더 요구된다. 어떤 의미에서는 '자기 생각을 자유롭게 글로 표현하는 능력을 갖춘 리더'야말로 준비된 리더라고 할 수 있다.

### 5) 창의적 발상을 촉진하는 도구[2]

지난 세기, 상업자본주의의 세계적 확산과 경제성장의 동력이 새로운 아이디어와 지식의 축적으로 이동함에 따라, 상상과 창의를 촉진하기 위한 다양한 도구가 고안되고 적용되었다. 그중 HRD 분야에 비교적 널리 알려진 촉진 도구를 소개하기로 한다.

---
[2] 김원식, 설득포럼 월례 모임, 2021.05.

### (1) '브레인스토밍'과 '브레인라이팅'

브레인스토밍(Brainstorming)은 온 나라에서, 심지어 초등학교 저학년의 학습 과정에도 쓰일 정도로, 일반적으로 통용되고 있는 창의적 학습도 구이자 회의기법이다.

어떤 주제에 대해 구성원들이 자유롭게 의견을 내면서 새로운 발상을 찾아가는 아이디어 생산기법으로서 아이디어 회의의 기본으로 알려진 브레인스토밍은, 미국의 광고 에이전시인 BBDO(Batten, Barton, Durstine and Osborn)의 창업자 중의 한 사람인 알렉스 오스본(Alex Osborn)이 1939년 무렵 고안했다.

브레인스토밍은 일종의 집단 사고방식이자 창의적 문제해결 방법이며, 조직 내에서 협동적인 아이디어 회의를 주최하여 구성원들로부터 풍부한 아이디어를 끌어내는 방안이다.

그런데 브레인스토밍은 자유롭게 토론하는 과정에서 좋은 의견도 많이 나오고 이것이 굵직한 좋은 아이디어로 쉽게 정리될 것을 기대하지만 막상 해보면 그리 쉬운 일이 아님을 알게 된다. 정작 자유로운 의견 개진이 잘 이뤄지지도 않고, 상급자나 소수의 구성원이 전체 대화의 많은 부분을 차지[3]하지만 나머지 구성원들은 자신의 의견을 내기보다는 대화 주도자들이 쏟아내는 의견들을 이해하고 정리하기에도 바쁜 경우가 흔하다 때루 참여자들은 강하게 자기주장을 펼치는 사람의 의견을 듣는 과정에서 자신의 의견을 잊거나 자기도 모르게 타인의 생각에 동화되어 버리기도 한다. 이렇게 되면 의도와는 다르게 기왕 나온 좋은 아이디어마저 소멸하여 버리는 경우도 생긴다.

브레인스토밍은 저마다 생각하고, 다른 이의 생각을 듣고, 서로의 생각을 합쳐 또 다른 새로운 생각을 만드는 등 의외로 매우 복잡한 과정을 한꺼번에 수행한다. 때에 따라서는 너무 많은 아이디어가 한꺼번에 쏟아져 이를 정리하는 것만 해도 힘들다. 이런 연유로 브레인스토밍은 수행하기가 힘들고 어느 순간 막히게 되면 더는 진행되기 힘들기도 하다.

---

[3] 노스웨스턴대학 경영대학원의 레이 톰슨 켈로그(Leigh Thompson kellogg) 교수가 5,700개 학교 또는 회사 조직의 브레인스토밍을 연구한 결과, 전체 대화의 60~75%를 상급자나 한두 명의 구성원이 차지한다는 사실을 알게 되었음.

결국 브레인스토밍을 하는 것보다 오히려 조용히 혼자 생각하는 편이 생산성이 더 높을 것이라는 연구 결과도 있는데, 이에 따르면 어떤 경우엔 브레인스토밍한 조직보다 혼자 방에 앉아 곰곰이 생각하며 아이디어를 낸 경우가 유용한 아이디어를 42% 더 많이 내놓을 수 있었다고 한다. 물론 그렇다고 여러 사람이 한자리에 모여 아이디어를 내는 것이 나쁘다는 말은 아니다. 다만 브레인스토밍을 만능의 아이디어 제조기법이라고 믿어서는 안 된다는 얘기이며, '다양한 의견들을 종합할 때 좋은 아이디어가 만들어진다.'라는 사실에는 이견이 없다.

브레인라이팅(Brain writing)이라는 브레인스토밍의 단점을 보완하는 아이디어 창출 기법이 있다. 브레인라이팅은 브레인스토밍과 마찬가지로 샘솟는 아이디어를 자유롭게 제시한다는 것은 같지만 말로 하는 대신 종이에 글로 적어 표현한다는 것이 다르다. 무엇보다 브레인라이팅은 발언에 소극적인 사람들의 참여를 유도할 수 있고, 소수가 대화를 주도하는 현상도 예방할 수 있다는 장점이 있다.

브레인라이팅의 창시자인 폴 팔러스 교수가 20개 기업을 대상으로 실제 효과를 측정한 결과, 브레인라이팅을 적용한 조직은 브레인스토밍했을 때보다 약 73% 더 많은 아이디어를 생산했으며, 각자 혼자 아이디어를 짜낼 때보다 37% 더 많은 아이디어를 내놓을 수 있었다고 한다.

브레인라이팅을 적용할 때 더 많은 성과를 내는 이유를 분석해 보면 아이디어를 글로 적어 발전시키는 방식이기 때문에, 참여자들이 '공연히 아이디어를 내놨다가 자신이 비난받을지도 모른다'라는 공포심을 갖지 않는다는 점과 '글로 쓰면서 자기 생각을 정리할 수 있는 시간을 주기에 아이디어는 있지만, 순발력이 부족한 참여자들이 충분히 정제된 아이디어를 낼 수 있게 한다는 점이 두드러진다.

폴 팔러스 교수가 조언하는 최고의 아이디어 생산 팁은, 브레인라이팅을 통해 서로 아이디어를 교환하고 공유한 뒤, 바로 각자의 자리에서 홀로 자기 아이디어를 가다듬게 하라는 것이다. 이때 가장 혁신적인 아이디어가 생산된다는 것이다.

브레인스토밍의 단점을 보완하는 방법은 브레인라이팅 외에도 '역브레인스토밍' 기법, 'Go & Stop 브레인스토밍' 기법, 'Round-robin 브레인스토밍' 기법, '고든 법' 등이 있다.

| 발상법 이름 | 브레인스토밍(Brainstorming) | 팀 아이디어 발상법으로 적합도 | 매우 적합 |
|---|---|---|---|
| 개요 | ● 미국의 광고 에이전시인 BBDO(Batten, Barton, Durstine and Osborn)의 창업자 중의 한 사람인 알렉스 오스본(Alex Faickney Osborn)이 1939년부터 고안한 일종의 집단 사고방식이자 창의적 문제해결 방법으로, 조직 내에서 협동적인 아이디어 회의를 주최하여 구성원들로부터 풍부한 아이디어를 끌어내는 방안임.<br>● 어떤 주제에 대해 구성원들이 자유롭게 의견을 내면서 새로운 발상을 찾아가는 아이디어 생산기법으로 아이디어 회의의 기본'으로 알려져 있음.<br>● 1948년에 발간한 오스본의 책 'Your Creative Power' 33장 '창조적 생각을 위한 모임을 조직하는 법'에 수록되었음. | | |
| 주요용도 | ● 보통 팀 단위로 사용되는 아이디어 발상 기법으로 팀의 현안에 대한 해결방안이나 개선안을 찾기 위해 주로 사용됨. | | |
| 기반 원리 | ● 자유분방한 분위기에서 한 팀원이 아이디어를 내면 그것을 통해서 다른 아이디어를 끌어내고, 그 아이디어로 다시 다른 팀원의 연상력을 자극하는 방식으로 끊임없는 아이디어의 연결고리를 만들어 낼 수 있어서 많은 아이디어를 내는 것이 가능함.<br>● 다만 오스본이 생각한 바와 같이, 브레인스토밍은 하나의 특정한 문제를 다루는 데 적합하며 여러 주제를 한꺼번에 다루는 데에는 비효율적인 것으로 평가됨. | | |
| 진행 원칙 | ● 브레인스토밍의 절대적인 네 가지 원칙<br>1) "비판금지"(Criticism is not permitted) 또는 "판단보류" : 다른 사람의 의견을 비판하지 않는다!<br>2) "자유로운 분위기"(Free-wheeling is welcome) : 어떤 아이디어도 수용할 수 있는 분위기이어야 한다!<br>3) "질보다는 양"(Quantity is required) : 질보다 양을 우선한다!<br>4) "제시된 아이디어의 조합과 개선"(Combinations and improvements should be tried out) : 제시된 아이디어를 조합하고 개선하여 최종 아이디어를 도출한다! | | |
| 진행 절차 | ● 브레인스토밍 기법은 적용조직의 여건에 따라 여러 가지로 응용될 수 있지만 가장 기본적인 절차는 다음과 같음.<br>1) 브레인스토밍 주제(문제)를 정의함(통상 브레인스토밍 시작 전 주최자가 수행).<br>2) 6~12명 정도로 참가자 집단(팀)을 구성하고 그중에서 진행자와 서기를 선발함.<br>3) 진행자의 진행으로 참가자들이 자유롭게 자신의 의견을 제시하고 다른 사람들의 의견을 듣는 과정을 이어감. 이때 서기는 참가자들이 모두 볼 수 있도록 화이트보드나 플립차트에 제시된 아이디어들을 기록함. | | |
| 비고 | ● 브레인스토밍의 문제점<br>1) 자유로운 의견 개진이 잘 이루어지지 않는 경우도 많음.<br>2) 상급자나 소수의 구성원이 전체 대화의 많은 부분을 차지하는 경우가 많음.<br>3) 너무 많은 아이디어가 한꺼번에 쏟아지면 이를 정리하기도 힘듦.<br>● 브레인스토밍의 문제점을 해결하기 위한 대안으로 '브레인라이팅', 'Go & Stop 브레인스토밍법', 'Round-robin 브레인스토밍', '고든법'과 같은 등 변형된 브레인스토밍 기법을 사용하기도 함. | | |

| 발상법 이름 | 브레인라이팅(Brainwriting) | 팀 아이디어 발상법으로 적합도 | 매우 적합 |
|---|---|---|---|
| 개요 | ● 브레인스토밍의 장점을 유지하면서 단점을 보완할 목적으로 사용하는 아이디어 발상 기법의 하나. 브레인스토밍이 구성원들이 아이디어를 말로 표현하는 데 반해, 글로 적는다는 점이 다름.<br>● 텍사스대학교 앨링턴 캠퍼스(UT Arlington)의 폴 팔러스(Paul Paulus) 교수가 선구자 중 하나임. | | |
| 주요용도 | ● 브레인스토밍과 동일 | | |
| 기반 원리 | ● 기본적으로는 브레인스토밍 기법과 같은 원리에 기반을 두지만, 아이디어를 글로 적어 발전시키는 방식이기 때문에 참여자들이 '공연히 아이디어를 내놨다가 자신이 비난받을지도 모른다'라는 공포심을 갖지 않는다는 점과 '글로 쓰면서 자기 생각을 정리할 수 있는 시간을 주기에 아이디어는 있지만, 순발력이 부족한 참여자들이 충분히 정제된 아이디어를 낼 수 있게 한다는 점이 두드러진다.<br>● 브레인라이팅은 발언에 소극적인 사람들의 참여를 유도할 수 있고, 소수가 대화를 주도하는 현상도 예방할 수 있음. | | |
| 진행 원칙 | ● 브레인스토밍 기법의 진행 원칙과 동일 | | |
| 진행 절차 | 1) 브레인라이팅 주제(문제)를 정의함(통상 브레인라이팅 시작 전 주최자가 수행).<br>2) 5~8명 정도로 참가자 집단(팀)을 구성하고 진행자와 서기를 선발함.<br>3) 책상을 원형이나 사각형으로 배치하고 둘러앉음.<br>4) 진행자가 주제를 설명한 뒤 구성원의 수에 맞춰 적당한 수의 빈칸이 그려진 종이 한 장과 필기구를 나눠줌.<br>5) 구성원들은 3~5분 동안 자기 아이디어를 한 칸에 하나씩 모두 2~3개 정도 종이에 적은 뒤, 왼쪽 사람에게 전달하고 오른쪽 사람에게서 종이를 받음.<br>6) 구성원들은 오른쪽 사람이 넘겨준 아이디어에 이를 발전시킨 새로운 아이디어를 추가해서 적거나, 새로운 아이디어를 다른 빈칸에 적음.<br>7) '6)'의 활동을 한 바퀴 돌아 최초 자신이 돌린 종이를 돌려받을 때까지 반복함. | | |
| 비고 | ● 브레인라이팅의 창시자인 폴 팔러스 교수에 따르면, 20개 기업을 대상으로 실제 효과를 측정한 결과, 브레인라이팅을 적용한 조직은 브레인스토밍했을 때보다 약 73% 더 많은 아이디어를 생산했으며, 각자 혼자 아이디어를 짜낼 때보다 37% 더 많은 아이디어를 내놓을 수 있었다고 함. | | |

| 발상법 이름 | Go & Stop 브레인스토밍 | 팀 아이디어 발상법으로 적합도 | 매우 적합 |
|---|---|---|---|
| 개요 | ● 브레인스토밍의 장점을 유지하면서 단점을 보완할 목적으로 사용하는 아이디어 발상 기법의 하나로 브레인스토밍을 'Go 단계'와 'Stop 단계'에 맞춰 진행하는 방식. | | |
| 주요용도 | ● 브레인스토밍과 동일 | | |
| 기반 원리 | ● 기본적으로는 브레인스토밍 기법의 원리와 같으며, '그때까지 제시된 여러 가지 아이디어를 바탕으로 또 다른 아이디어를 연상'하도록 하는 'Go 단계'와 'Go 단계에서 연상된 아이디어를 객관화하여 평가'하는 'Stop 단계'를 반복적으로 수행하는 기법. | | |
| 진행 원칙 | ● 브레인스토밍 기법의 진행 원칙과 동일 | | |
| 적용 사례 | 예1 | • Go 단계 : 문제에 대한 해결안을 여러 측면에서 생각해 봄.<br>• Stop 단계 : 제시된 해결안을 분류하고 비판적인 관점에서 평가하여 점수를 매겨 최선의 아이디어를 선택함. | |
| | 예2 | • Go 단계 : 설문 내용(항목)이 될 만한 것들을 모두 생각해 봄.<br>• Stop 단계 : 최상의 설문 내용(항목) 5개 문항을 선택함. | |
| | 예3 | • Go 단계 : 매출을 올릴 수 있는 아이디어를 최대한 도출함.<br>• Stop 단계 : 도출된 아이디어 중 투입비용이 가장 적은 방안을 찾아봄. | |

## (2) 스캠퍼 기법

스캠퍼(SCAMPER) 기법은 일종의 브레인스토밍 기법으로, 브레인스토밍 기법을 창안한 오스본의 질문 목록(체크리스트)을 에이벌(Bob Eberle)이 7개의 키워드로 재구성하고 발전시킨 것이다.

| 발상법 이름 | 스캠퍼(SCAMPER) | | 팀 아이디어 발상법으로 적합도 | 적합 |
|---|---|---|---|---|
| 개요 | ● "브레인스토밍" 기법을 창안한 알렉스 오스본이 창조성 촉진 작업을 수행(1950년)하면서 나온 창조성 기법으로, 7개의 알파벳 머리글자로 이루어진 간단한 질문 목록에 하나하나 답을 해가는 과정에서 아이디어를 찾는 방법. | | | |
| 주요용도 | ● 도출된 아이디어를 바탕으로 더욱 다양한 아이디어를 찾기 위해 사용함.<br>● 계속된 질문을 통해 어떤 문제의 근본적 해결안이나 개선안을 찾는 과정에도 사용됨. | | | |
| 기반 원리<br>(질문 목록) | ● 아래와 같은 7개의 질문을 순차적으로 던져, 하나의 아이디어를 계속 확장·발전시킴.<br>1) S (Substitute) : 대체하기<br>2) C (Combine) : 결합하기<br>3) A (Adjust, Adapt) : 조정·조절하기, 응용하기<br>4) M (Modify, Magnify, Minify) : 수정하기, 확대하기, 축소하기<br>5) P (Put to other uses) : 다른 용도로 활용하기<br>6) E (Eliminate) : 제거하기<br>7) R (Reverse, Rearrange) : 뒤집기(역발상), 재정렬하기 | | | |
| 진행 원칙 | ● 진행자가 질문 목록('SCAMPER')을 제시하고 구성원들이 하나하나 답을 해감. | | | |
| 적용 사례 | 구분 | 응용 질문 | 사례 | |
| | S | A 대신 B를 쓴다면? 재료를 다른 것으로 대체하면 어떤가요? | 컵의 재질을 유리에서 종이로 대체 → 종이컵<br>고기를 다른 재료로 만들 수 없나? → 콩고기 | |
| | C | A와 B를 결합한다면? | 운동화와 바퀴를 결합 → 인라인스케이트<br>전화기와 컴퓨터와 카메라를 결합 → 스마트폰 | |
| | A | 기능을 좀 조절·응용하여 다른 용도로 쓴다면? | 가시덩굴을 응용한 장애물 → 철조망<br>날다람쥐의 막을 응용 → 비행 슈트 | |
| | M | A를 변형한다면?<br>A를 확대한다면?<br>A를 축소한다면? | 수박의 형태를 바꿈 → 사각 수박<br>공기수송관(pneumatic tube)을 확대 → 하이퍼루프, 선풍기를 축소 → 휴대용 선풍기 | |
| | P | A를 다른 용도로 쓸 수 없을까? | 계란판의 용도 변경 → 방음판<br>실패한 접착제의 용도 변경 → 포스트잇 | |
| | E | A에서 뭔가를 제거한다면? | 우유에서 지방 제거 → 저지방 우유<br>커피에서 카페인 제거 → 무카페인 커피 | |
| | R | 역발상해 본다면? | 꼭 출근해야 하나? → 재택근무 | |

## (3) 속성 열거 기법

네브래스카 대학교(University of Nebraska)의 크라포드 교수가 개발한 것으로 개선하고자 하는 주제의 명사적 속성, 형용사적 속성, 동사적 속성을 찾아 나열한 뒤 각 속성이나 속성단(group of attributes)을 체계적으로 분석하고 속성들을 개선함으로써 해결책을 찾는 발상법이다.

| 발상법 이름 | 속성 열거(Attribute Listing) | 팀 아이디어 발상법으로 적합도 | 적합 |
|---|---|---|---|
| 개요 | ● 1930년대 미국의 네브래스카 대학교의 로버트 크라포드(Robert Craford) 교수가 개발한 기법으로, 제품 공정에서의 아이디어나 서비스 개선의 기회를 찾기 위한 목적으로 만들어짐.<br>● 이 기법은 문제해결이나 서비스 개선의 아이디어를 찾기 위해서 제품 공정이나 서비스상에서 과정상의 속성을 체계적으로 변화시키거나 다른 것으로 대체하게 됨. | | |
| 주요용도 | ● 팀의 구성원들이 아이디어를 내지 못할 때나 아이디어가 너무 한 편으로만 치우칠 때 새로운 아이디어가 나오도록 유도하기 위하여 사용됨.<br>● 어떤 문제를 제거하거나 축소하기 위하여 문제에 해당하는 필수적인 속성들을 검사하여 그 속성 자체를 고치거나 변경하고자 할 때 주로 사용됨. | | |
| 기반 원리 | ● 변경 혹은 대체 대상 속성은 다음의 세 가지 부류임.<br>1) 첫째, 명사적 속성: 전체, 부분, 재료, 제조 방법<br>　예) 자전거의 손잡이, 안장, 체인, 바퀴, 고무 튜브, 액세서리, 백미러<br>2) 둘째, 형용사적 속성 : 제품의 성질<br>　예) 빠르다. 활동적이다. 무겁다. 가격이 비싸지 않다.<br>　　쇠 파이프와 고무로 구성되어 있다.<br>3) 셋째, 동사적 속성: 제품의 기능<br>　예) 자전거는 교통수단이다. 운전법을 쉽게 배울 수 있다. 편리하다.<br>　　바퀴에 공기를 주입하여 굴러갈 수 있도록 만든다. | | |
| 진행 절차 | 1) 문제를 어떻게 기술할 것인가를 논의하고 제품 공정이나 서비스의 성격, 속성 등을 모두 나열함.<br>2) 구성원들은 제품이나 서비스에 대해서 변경할 수 있는 성격이나 대체 가능성을 체계적으로 논의함.<br>3) 이러한 과정에서 문제에 대한 해결책이나 개선 아이디어가 나오게 됨. | | |
| 적용 사례 | ● 문제 : CD 케이스의 이음새 부분의 잦은 파손<br>1) 명사적 속성의 변경 : 플라스틱이 있다 → 알루미늄이나 특수고무는 어떨까?<br>2) 형용사적 속성의 변경 : 얇은 두께를 가진다 → 두께를 좀 더 두껍게 하거나 이음 방식을 달리하면 어떨까?<br>3) 동사적 속성의 변경 : CD를 보호한다 → 약한 플라스틱보다는 두꺼운 비닐이나 종이는 어떨까?<br>● 해결안#1) 이음새 부분을 양쪽 끝부분이 아닌 뚜껑 전면(全面)을 이용하거나 두께를 조금 더 두껍게 한다.<br>● 해결안#2) 외부 케이스의 재질을 플라스틱에서 두꺼운 종이로 대체한다. | | |

### (4) 체크리스트 기법

체크리스트(Checklist) 기법 역시 오스본이 개발한 것으로, 말(word) 또는 시각적 이미지로 구성한 점검표(체크리스트)를 작성하여 순서에 따라 직관적으로 하나씩 점검해가며 아이디어를 뽑아내는 방법이다.

| 발상법 이름 | 체크리스트(checklist) | 팀 아이디어 발상법으로 적합도 | 적합 |
|---|---|---|---|
| 개요 | ● MIT 공대 창조공학 연구소에서, 브레인스토밍을 개발한 알렉스 오스본이 그의 저서 대부분에서 기술한 아이디어 발상법 중 아홉 개 항목을 선정하여 체크리스트로 만듦.<br>● 어떤 개선점을 찾고자 할 때 이에 관한 질문 항목을 조목조목 미리 표로 만들어 정리해 두고, 순서에 따라 한 항목씩 점검해 가며 아이디어를 생성함. | | |
| 주요용도 | ● 새로운 아이디어를 자극하거나 유도하여 공학적 기획 또는 설계가 적정한지 확인하는 데 사용함 | | |
| 기반 원리 | ● 오스본의 아홉 가지 발상법(체크리스트)<br><br>1) 전용(diversion; 용도 전환) : 새로운 용도로 사용할 수 있는가? 개량한다면 다른 용도로 사용할 방법은?<br>　예) 텐트용 천 → 청바지, 기름 → 글라스 초<br>2) 차용(borrowing; 유추 적용) : 다른 유사한 것은 있는가? 닮은 부분은 없는가?<br>　예) 말이 대변을 보는 것에서 착안하여 → 뚜껑 없는 치약 개발<br>3) 변경(change; 구조/형식 변경) : 형태나 동작, 소리, 내용, 의미 등을 바꾼다면?<br>　예) 괘종시계 → 뻐꾸기시계, 천 커튼 → 블라인드, 스케이트 → 롤러블레이드<br>4) 확대(magnification) : 제품의 강도나 높이, 길이, 빈도, 시간 등을 늘이거나 확대한다면?<br>　예) 작은 가슴 → 원더 브래지어<br>5) 축소(reduction) : 작게 하거나 감소, 농축, 짧게, 낮게, 생략한다면?<br>　예) 카세트 → 워크맨, 호텔 → 캡슐텔,<br>6) 대용(substitution) : 물건이나, 재료, 소재, 사람, 기법, 동력을 바꾼다면?<br>　예) 현금 → 신용카드, 산모 → 대리모<br>7) 대체(alternation) : 순서나 요소, 계획, 패턴을 바꾼다면?<br>　예) 안경 → 콘택트렌즈, 나무통 → 양철통 → 플라스틱 통<br>8) 역전(reversion : 개념/사고를 거꾸로) : 전후, 좌우, 상하, 역할을 변경하면?<br>　예) 전형적인 기존의 사장제 → 고객사장제, 1일 사장제<br>9) 조합(compounding) : 단위나 목적 등을 결합한다면?<br>　예) 팩스+모뎀 → 팩스모뎀, 라디오+녹음기 → 카세트 플레이어 | | |

| 진행 원칙 | ● 해결해야 할 문제를 정의하고 글로 써서 눈에 잘 띄는 장소에 두어, 언제든지 아이디어를 도출해 낼 수 있도록 눈에 잘 띄는 장소에 놓아둠.<br>● 아홉 개의 체크리스트 항목 외에 다른 관점에서 아이디어가 나오면, 항목을 추가시킴<br>● 아이디어는 될 수 있는 한 많이 생산하는 것이 중요함. |
|---|---|
| 진행 절차 | 1) 해결해야 할 문제를 정의하고 글로 써서 눈에 잘 띄는 장소에 놓아둠.<br>2) 문제와 체크리스트 항목이 대응하도록 각 항목의 의미와 내용을 세분화해 나감. |
| 진행 사례 | <table><tr><td colspan="4">과제</td><td>우편 서비스의 개선 방안</td></tr><tr><td rowspan="9">체크리스트</td><td>#</td><td>항목</td><td>항목의 의미</td><td>아이디어</td></tr><tr><td>1</td><td>전용</td><td>다른 용도는 없는가?</td><td>정부간행물, 서식 등의 판매, 각 판매 대행</td></tr><tr><td>2</td><td>차용</td><td>무언가 흉내 낼 것은 없는가?</td><td>통신공사와 비슷한 업무는 편의점처럼 연중무휴</td></tr><tr><td>3</td><td>변경</td><td>무언가 변경은 불가능한가?</td><td>할인제도 도입, 의식을 서비스업으로 바꿈</td></tr><tr><td>4</td><td>확대</td><td>서비스를 확대할 수는 없는가?</td><td>해외 특정 지역에 배달 서비스<br>야간 배달(주간 부재가 많다.)</td></tr><tr><td>5</td><td>축소</td><td>서비스 축소는 불가능한가?</td><td>효율이 매우 저조한 것은 민간에 이양한다.<br>CI 이념에 맞지 않는 것은 폐지</td></tr><tr><td>6</td><td>대용</td><td>무언가 대용은 불가능한가?</td><td>우편 판매를 자판기로 대행<br>배달을 아르바이트로 대행</td></tr><tr><td>7</td><td>대체</td><td>무언가 대체할 것은 없는가?</td><td>남성 집배원을 여성 집배원으로<br>사무원을 서비스 경험 있는 사람으로 교체.</td></tr><tr><td>8</td><td>역전</td><td>거꾸로 할 수 있는 것은 없는가?</td><td>배달제도를 반대로 받으러 오게 함. (사서함 제도)</td></tr><tr><td>9</td><td>조합</td><td>무언가 조합하려면?</td><td>우편 서비스와 탁송 서비스</td></tr></table> |
| 비고 | ● 정해놓은 항목별로 하나씩 검토하기 때문에 누락의 염려가 없고, 특히 반복적인 작업에 적절함.<br>● 그러나 문제의 범위를 벗어난 새로운 발상의 가능성이 작아지고, 창의적 발상을 유도하는 자유로움이 부족해질 위험이 있음. |

### (5) 시네틱스 기법

시네틱스(Synetics) 기법은 유추를 통해 친숙한 것을 생소한 것으로, 생소한 것을 친숙한 것으로 보이도록 함으로써 새로운 시각을 찾기 어려운 환경에서도 획기적인 사고와 문제해결을 모색하도록 돕는 기법이다.

| 발상법 이름 | 시네틱스(Synetics) | 팀 아이디어 발상법으로 적합도 | 매우 적합 |
|---|---|---|---|
| 개요 | ● 시네틱스란 용어는 '관련이 없는 요소 간의 결합'을 뜻하는 희랍어의 'synectios'로부터 왔음.<br>● 이 발상법은 고든(William J. J. Gordon)의 연구를 NM법을 개발한 일본의 나카야마가 보완 수정하여 만든 것임.<br>● 고든법은 브레인스토밍법과 매우 흡사한데 다만 브레인스토밍은 주제를 구체적으로 제시하여 실시한 데 비해, 고든법은 키워드 (짧은 말)만 제시되는 것이 차이점임. | | |
| 주요용도 | ● 브레인스토밍과 동일 | | |
| 기반 원리 | ● 직접적 유추(Direct analogy) : 실제 유사하지 않은 두 가지의 개념을 객관적으로 비교하는 유추 방법.<br>예) 우산→낙하산, 비행기→새<br>● 의인적 유추(Personal analogy) : 의인적 유추는 문제의 해결책을 찾기 위하여 문제의 대상을 바라보는 것이 아니라 자신이 문제의 대상이 되어 접근하는 방법.<br>예) 반려동물이 안 보임→내가 반려동물이라면 어두운 구석에 숨어있을 것<br>● 상징적 유추(Symbolic analogy) : 문제의 요점을 극도로 간결하게 상징화시켜 아이디어를 찾는 것. 관계없는 두 대상 사이에서 상징을 활용해 유추하는 방법.<br>예) 바다→(모든 생물의) 고향<br>● 환상적 유추(Fantasy analogy) : 비현실적인 유추를 통해 문제를 해결하는 데 사용.<br>예) 하늘을 나는 자동차 | | |
| 진행 원칙 | ● 참가자들을 그룹으로 나누어 진행하기 좋은 방법은 상징적 유추임.<br>● 5~6명이 한 조를 이루어 문제를 해결하게 됨.<br>● 시네틱스를 위한 참가자들은 각자가 가지고 있는 전문지식이나 경험, 성격 등을 최대한도로 살려 발상의 실마리를 찾는 것으로 다양한 분야의 전문가들이 그룹을 형성하는 것이 바람직함. | | |
| 진행 절차 | 1) 참가자 전원에게 해결할 문제를 사전에 제시함.<br>2) 전문적인 부분에 대해서는 전문가에게 문제의 분석과 해설을 의뢰함.<br>3) 참가자들이 문제에 보다 흥미를 느끼도록 성공한 예제들을 제시해 줌.<br>4) 해결 목표 지점을 설정하고 목표 의식을 고취함.<br>5) 주최자도 참가자의 한 사람으로서 문제해결을 위한 유추 활동에 참여함.<br>6) 참가자들이 내놓은 유추 중에서 적당한 유추를 검토함.<br>7) 문제해결에 결정적 도움을 줄 수 있는 것을 선택함.<br>8) 구체적으로 사용할 수 있는 아이디어로 나눔.<br>9) 해결책을 수립한다. | | |

## (6) 포스트잇 기법

포스트잇(Post-it) 발상 기법은, 이 방법의 친근감, 가시성과 편리성으로 인해 구성원들의 흥미를 유발하고 망설임 없이 적극적으로 참여하도록 유도할 필요가 있는 기업연수프로그램에서 흔히 활용된다.

| 발상법 이름 | 포스트잇(Post-it) 발상 | 팀 아이디어 발상법으로 적합도 | 적합 |
|---|---|---|---|
| 개요 | ● 일본의 TV도쿄 캐스터였던 니시무라 아키라(西村昇)가 고안한 기법으로 일반인들이 쉽게 쓰고 버리는 포스트잇을 통해서 아이디어에 접근하는 방법. | | |
| 용도 (사용 예) | ● 포스트잇을 이용한 일정 관리 : 업무의 우선순위를 두고 먼저 할 일과 나중에 할 일을 구분하여서 일 처리에 계획성을 염두에 두고, 포스트잇을 이용하여 일정을 관리함.<br>● 책의 집필이나 강연 준비에 사용함 → 니시무라는 이를 토대로, 한 달에 한 권 이상의 책을 집필하고 있으며 강연의 내용도 효과적으로 정리하고 있음. | | |
| 진행 원칙 | ● 포스트잇과 필기구를 사용함.<br>● 아이디어를 분류하고자 할 경우, 색상이 있는 포스트잇을 사용하면 효과적임. | | |
| 진행 절차 | 1단계(취재) : 언제 어디서나 순간적인 아이디어가 떠오른다면 바로 포스트잇을 꺼내어 기록해둠.<br>2단계(축적) : 메모한 포스트잇을 주제별로 분류하여 별도의 종이에 붙여 정리힘.<br>※ 이러한 주제별 종이를 파일용 홀더에 끼워 보관하면서 관련 사진이나 글을 기록하면 훨씬 도움이 됨.<br>3단계(가공과 구성) : 아이디어의 사용 목적에 따라서 정보를 재구성하고 시각적으로 정보를 재구성함.<br>4단계(아웃풋) : 정리된 것을 결과로 내놓음. | | |
| 비고 | 포스트잇을 이용한 일정관리 | | |

## (7) 여섯 색깔 사고 모자 기법

여섯 색깔 사고 모자 기법은 원래 주로 비즈니스 분야에서 의사소통을 원활하게 또 균형 있게 하려면 쓰이던 방법이었지만, 오늘날에는 초등학교 수업에서도 흔히 사용되는 기법이 되었다. 고안자인 에드워드 보노가 가장 강조하는 바는 '우리는 모두 사고를 더 잘하는 방법을 배워야 한다'라는 것이며, '상대가 가진 다른 관점의 사고에 대해 열린 마음으로 더 유연하게 받아들이는 방법을 배워야 한다'라는 것이다.

| 발상법 이름 | 여섯 가지 사고 모자(6 Thinking hats) | 팀 아이디어 발상법으로 적합도 | 매우 적합 |
|---|---|---|---|
| 개요 | ● 에드워드 드 보노(Edward de Bono)가 고안한 여섯 색깔의 생각의 모자(Six think-ing hats)를 사용하여, 참여자들이 여섯 가지 색상이 지닌 사고의 역할에 맞춰 사고함으로써 논의가 참여자 개개인의 성향 등에 의해서 감정적으로 흐르는 것을 방지하고 다양한 관점에서 폭넓은 사고가 이루어질 수 있도록 도와주는 기법. | | |
| 주요용도 | ● 아이디어를 생성하거나 평가할 때 사용함. | | |
| 기반 원리 | ● 한 번에 한 가지 유형의 사고만 하여 토론에 방해될 수 있는 대인관계와 감정, 개개인의 성향 등에 의해서 논의가 감정적으로 흐르지 않고 다양한 관점에서 폭넓은 사고, 신속한 의사결정, 문제해결이 진행될 수 있게끔 고안. 하양, 검정, 빨강, 파랑, 노랑, 초록의 색상으로 구성되어 있음.<br><br>① 하얀 모자 (Information) : "객관적, 중립적인 사실과 정보"<br>- 이미 검증된 정확한 정보를 제시하고 중립적이고 객관성을 유지한 의견을 제시함<br>- 예) 우리는 어떤 정보가 필요한가? 우리가 가지고 있는 정보는 어떤 것이 있는가?<br><br>② 초록 모자 (Creative thinking) : "창의적, 확산적, 혁신적"<br>- 기존의 사고에서 벗어나 새로운 시각과 창의적인 아이디어를 제시하고, 약점을 보완할 대안을 제시함.<br>- 예) 다른 방법은 없을까? 새로운 아이디어는 없을까? 보완할 개선 방안은 무엇일까?<br><br>③ 노란 모자 (Optimistic thinking) : "긍정적, 낙관적, 강점, 실현 가능성, 건설적, 가치, 이점"<br>- 논리적인 근거를 기반으로 장점을 찾고 달성할 수 있는 명확한 실행 방안을 제시한다. 현재 상황을 긍정적인 면을 통해 극복할 수 있도록 유도함.<br>- 예) 어떠한 가치가 있는가? 어떻게 구체화 될 수 있는가?<br><br>④ 검정 모자 (Critical thinking) : "논리적, 부정적, 신중한 검토, 비판, 잠재 위험, 실패 요인, 오류" | | |

|  |  |
|---|---|
|  | - 기존의 경험, 지식, 정보와 맞지 않는 것, 부정확한 것, 위험한 것 등을 논리적으로 제시함.<br>- 아이디어를 검토하고 결점을 찾고 개선할 때 사용함.<br>- 예) 잠재적 위험은 어떠한 것이 있는가? 실패할 요인은 무엇인가? 무엇이 잘못될 수 있는가?<br><br>⑤ 빨간 모자 (intuitive thinking) : "직감, 감정, 정서"<br>- 두려움, 걱정, 의심, 예감 등 다양한 감정들에 의해 의견을 제시하고 이때 의견에 대한 정당성이나 이유, 근거가 필요 없음.<br>- 예) 어떤 느낌이 드는가?<br><br>⑥ 파란 모자 (Thinking on thinking) : "통제, 초연함, 냉정함, 모니터링, 객관적, 사고의 정리, 결론 도출"<br>- 객관적, 이상적 판단을 기반으로 사고를 정리하고 요약하여 결론을 제시함.<br>- 리더의 역할로 효율적인 토론을 위해 시작 전 논점을 설정하기도 하고 사고와 다른 모자에 대한 지시와 통제를 하는 역할을 함.<br>- 예) 결론은 무엇인가? 더 필요한 부분이 있는가? 다음 할 일은 무엇인가? |
| 진행 원칙 | ● 진행 방식#1. 진행자가 한 색상의 모자를 지정하면, 참여자는 그 모자의 역할에 맞춰 사고를 집중하고 의견을 제시 후 다른 색상으로 넘어가는 방식으로 이루어짐.<br>● 진행 방식#2. 참여자들이 각자 특정 색상의 역할을 맡아 토론 형식으로 진행함.<br>● 진행자는 주제의 특성에 맞춰 모자의 색상을 선택할 수 있으며 긍정적인 사고 후 비판적 사고를 유도하여 아이디어를 평가, 개선하도록 함.<br>● 한 색상의 모자는 여러 번 사용이 가능하며 진행 중 수시로 바꾸어가며 진행할 수 있음.<br>● 아이디어 생성 : 하양 → 초록 → 노랑 → 검정 → 빨강 모자의 순서 권장<br>● 아이디어 평가 : 빨강 → 노랑 → 검정 → 초록 → 하양 모자의 순서 권장 |
| 진행 절차 | 1) 주최자(리더)가 조직 내 아이디어 도출을 위한 주제를 선정하고, 참여자들이 자유롭게 토론할 수 있는 장소를 선정함.<br>2) 참여자들 가운데 진행자를 선출함.<br>3) 주최자(리더)가 참여자들에게 회의 주제와 주제 선정의 이유, 회의 진행 방식 등을 설명하고 참여자들이 그에 따른 준비를 할 수 있는 시간을 부여함.<br>4) 회의를 시작하고 진행자의 진행에 따라 참여자들은 자신이 선택했거나 자신에게 부여된 모자가 지닌 사고의 역할에 맞춰 의견을 개진함.<br>5) 아이디어를 선택하고 실행함 : 회의를 통해 제시된 아이디어를 취합하고 실행 가능성과 경쟁력을 검토 후 최종 선택함.<br>또한 선택된 아이디어는 실행 계획을 수립 후 실행함. |

### (8) 마인드맵 기법

마인드맵(Mindmap)은 물 흐르듯 전개되는 연상 작용을 깨뜨리지 않으면서, 떠오르는 아이디어를 효과적으로 기록하는 데 매우 적합한 기법이며, 집단적 아이디어 창출 관점이나 개인적 아이디어 창출 관점 모두 활용할 수 있는 뛰어난 발상법이자 기록법이라 할 수 있다.

| 발상법 이름 | 마인드맵(Mindmap) | 팀 아이디어 발상법으로 적합도 | 적합 |
|---|---|---|---|
| 개요 | ● '마인드맵(Mindmap)'은 1970년대 초 영국의 교육학자 토니 부잔(Tony Buzan)이 개발한 학습, 기록 및 발상 방법으로, '생각의 지도'라고 정의 할 수 있음. | | |
| 주요용도 | ● 학습과 기록, 아이디어 발상을 위해 사용함.<br>● 이를 통해 사고력, 창의력 및 기억력을 높이는 두뇌 계발 및 두뇌 사용기법으로 사용. | | |
| 기반 원리 | ● 백지 위에 키워드 혹은 중심 이미지로 주제를 적고 가지를 만들어가며 핵심어, 이미지, 색상, 기호, 상징 등을 사용해 방사형으로 표현함.<br>● 읽고, 생각하고, 분석하고 기억하는 모든 것들을 마음속의 지도에 그리듯이 그려간다는 것이 핵심<br>● 구체적으로는 무순서, 다차원적인 특성을 가진 사람의 생각을 표현하는 데 있어 백지 위에 키워드, 이미지로 중심 주제를 적고 가지를 쳐서 핵심어, 이미지, 색채, 기호, 상징 등을 사용해 방사형으로 펼쳐나감.<br>● 이론적으로는 로저 스페리 교수팀에 의해 발견된 "인간의 좌뇌와 우뇌의 서로 다른 기능"이 부잔의 마인드맵 이론을 뒷받침해주는 좋은 근거가 되었음.<br>  - 어휘력과 논리적이고 이성적인 영역을 담당하는 좌뇌의 기능과<br>  - 창의력, 색상과 형태, 공간과 디자인 영역을 담당하는 우뇌의 기능이<br>  - 서로 조합되어 효과적으로 연결될 때 최대의 두뇌 활용 효과가 나타난다.<br>  는 것<br>● 무엇보다 마인드맵이 좋은 이유는 두뇌가 자연스럽게 정보를 받아들이고 쏟아내는 방법과 유사하기 때문. 그러므로 누구나 조금만 방법을 숙지하면 쉽고 재미있게 마인드맵을 그리고 그 효과를 경험할 수 있음. | | |
| 진행 원칙 | ● 준비물 : 참여자들의 의견을 표시하기에 충분한 백지, 3~4가지 색깔의 펜, 형광펜<br>※ 마인드맵 컴퓨터 앱과 프로젝터로 대체할 수 있음.<br>● 백지 위에 키워드, 이미지로 중심 주제를 적고 가지를 쳐서 핵심어, 이미지, 색채, 기호, 상징 등을 사용해 방사형으로 펼쳐나감. | | |
| 진행 절차 | 1) 주최자(리더)가 조직 내 문제해결이나 아이디어 도출을 위한 주제를 선정하고, 참여자들이 자유롭게 토론할 수 있는 장소를 선정함.<br>2) 참여자들 가운데 진행자와 서기를 선출함. (때에 따라 참여자를 몇 개의 팀으로 나눠 구성하고 팀별로 진행자와 서기를 선출할 수 있음)<br>3) 주최자(리더)가 참여자들에게 회의 주제와 주제 선정의 이유, 마인드맵 작성 방법 등을 설명함.<br>4) 회의를 시작하고 진행자의 진행에 따라 참여자들이 자신들의 의견을 밝히면 서기가 마인드맵을 작성해 나감.<br>5) 마인드맵이 완성되면, 진행자는 검토 절차를 진행함. (때에 따라 팀별로 진행 결과를 발표하고 공유함) | | |

### (9) 트리즈 기법

트리즈(TRIZ)는 시행착오를 최소화함과 동시에 최적의 아이디어를 창출하기 위해, 문제의 모순을 제거해 가는 모형화 기법으로, 구소련의 겐리히 알츠슐러가 제창한 발명 문제(혹은 창의 문제)의 해결을 위한 체계적 방법론이다.

| 발상법 이름 | TRIZ theory of solving inventive problem | 팀 아이디어 발상법으로 적합도 | 적합 |
|---|---|---|---|
| 개요 | ● 구소련 겐리히 알츠슐러(Genrich Altshuller)에 의해 제창된 발명문제(혹은 창의문제)의 해결을 위한 체계적 방법론.<br>● 그가 1960년대 구소련 해군에서 특허를 심사하는 업무를 할 당시 발명에는 어떤 공통의 법칙과 패턴이 있음을 알게 되어 누구나 창의적으로 문제를 해결할 수 있는 일반적이고 체계적인 문제해결책을 마련하게 되었으며, 전 세계 특허 150만 건 중에서 창의적인 특허 4만 건을 추출 분석한 결과 발명의 원리를 40개로 정리하였음. | | |
| 주요용도 | ● 발명 혹은 창의적 문제해결을 위해 사용됨.<br>● 공학 분야를 넘어 여러 분야에 응용되고 있음. | | |
| 기반 원리 | ● 주어진 문제에 대하여 가장 이상적인 결과를 정의하고, 그 결과를 얻는 데 관건이 되는 모순을 찾아내어 이를 극복할 수 있는 해결안을 얻을 수 있도록 생각하는 방법.<br>1) 분할 : 조립과 분해가 쉽도록 작게 나누어 봄.<br>2) 추출 : 꼭 필요한 것만을 뽑아내 봄.<br>3) 국소적 품질 : 일부분을 바꾸어 봄.<br>4) 비대칭 : 대칭을 이루고 있는 양쪽을 서로 다르게 만들어 봄<br>5) 통합 : 서로 다른 것들을 하나로 합쳐 봄.<br>6) 다용도 : 하나로 여러 기능을 수행하게 변경해 봄.<br>7) 포개기 : 하나의 요소에 다른 요소를 포개어 봄.<br>8) 평형추 : 내 힘을 쓰는 대신 외부의 힘을 이용해 봄.<br>9) 선행반대조치 : 필요한 작용을 반대로 미리 수행해 봄.<br>10) 선행조치 : 바로 작동할 수 있게 미리 해봄.<br>11) 사전예방 : 비상시 사용 가능한 수단을 준비해 봄.<br>12) 높이 맞추기 : 원하는 수준이 되도록 주변의 환경을 변화시켜 봄.<br>13) 반대로 : 모든 것을 반대로 바꾸어 봄.<br>14) 구형화 : 직선인 것들을 둥글게 만들어 봄.<br>15) 역동성 : 고정된 것들을 서로 상대적으로 움직이게 해봄.<br>16) 과부족 : 원하는 수준보다 아예 많게 혹은 적게 만들어 봄.<br>17) 차원 변경 : 선은 면으로, 면은 입체로 만들어 봄.<br>18) 진동 : 고정된 것을 떨리게 해봄.<br>19) 주기적 작용 : 일정한 주기를 가지고 수행하게 해봄.<br>20) 유익한 작용 지속 : 필요한 작용이 계속될 수 있게 해봄.<br>21) 고속처리 : 원하는 작용이 수행되는 속도를 높여 봄.<br>22) 해를 이롭게 : 해로운 것을 이롭게 이용할 방법을 찾아봄. | | |

|  |  |
|---|---|
|  | 23) 피드백 : 상황 변화에 알아서 반응하도록 응답을 활용해 봄.<br>24) 매개체 : 필요한 작용을 대신해 줄 수 있는 것을 찾아봄.<br>25) 셀프서비스 : 원하는 작용이 스스로 이루어지게 해봄.<br>26) 복제 : 원래의 것 대신에 복제품을 활용해 봄.<br>27) 일회용품 : 한 번만 사용하고 버릴 수 있게 바꾸어 봄.<br>28) 기계 시스템 대체 : 다른 감각을 활용해 봄.<br>29) 공기 유압 활용 : 물이나 공기로 채워봄.<br>30) 얇은 막 : 얇은 막을 활용해 봄.<br>31) 다공질 : 구멍이 뚫린 물질을 활용해 봄.<br>32) 색깔 변경 : 필요한 정보를 나타내기 위해 색깔을 변경해 봄.<br>33) 동질성 : 같거나 비슷한 것으로 만들어 봄.<br>34) 폐기 혹은 재생 : 다 쓴 것을 다시 사용할 방법을 찾아봄.<br>35) 속성 변환 : 물질의 성질을 변화시켜 봄.<br>36) 상전이 : 물질이 다른 상태를 갖게 변경해 봄.<br>37) 열팽창 : 일부분을 팽창시켜봄.<br>38) 활성화 : 반응을 활발하게 만들 수 있는 것을 찾아봄.<br>39) 비활성화 : 반응을 안정시킬 수 있는 것을 찾아봄.<br>40) 복합재료 : 서로 다른 것들을 모아 새로운 것을 만들어 봄. |
| 비고 | ● 전 세계 특허 중 창의적인 특허 4만 건을 추출 분석한 알츠슐러가 발견한 4가지 사실<br>  1) 발명 문제의 정의 : 발명 문제란 적어도 한 개 이상의 모순을 포함하고 있는 것.<br>  2) 발명의 수준 : 5가지 수준, 발견 - 발명 - 혁신 - 개선 - 명백<br>  3) 40개의 발명의 원리 유형이 있음.<br>  4) 기술시스템의 진화에는, 8가지 법칙이 있음<br>● 아리즈(ARIZ)는 트리즈의 중심 분석 도구로서, 이상 기술시스템, 시스템 갈등, 물리적 모순, 물질장 분석, 표준해, 그리고 기술시스템 진화 법칙과 같은 트리즈 가장 기본적인 개념과 방법들로 구성된 시스템임.<br>● 트리즈의 지식 베이스 도구 5종<br>  1) 40가지 발명 원리 (40 inventive Principles)<br>  2) 분리의 원리 (Separation Principles)<br>  3) 76가지 표준 해결책 (76 Standard Solutions)<br>  4) 8가지 기술 진화의 법칙 (Law of Technology Evolution)<br>  5) 각종 효과 (Effects) |

## 라. 바다를 꿈꾸자

"만일 당신이 배를 만들고 싶으면, 사람을 불러 모아 목재를 가져오게 하고 일을 지시하고 일감을 나눠주는 일을 하지 말라. 대신 그들에게 저 넓고 끝없는 바다에 대한 동경심을 키워주라."

- 생텍쥐페리(Saint Exupery, 프랑스의 소설가)

우리가 사는 이 시대는, 천문학과 물리학, 생명공학과 인공지능 등 전 방위적으로 우리의 정체성을 뒤흔들만한 과학적 발견이 계속되고 있으며, 크고 다양한 변화가 일상에서 가속적으로 빠르게 확산하고 있는 전례 없는 변혁의 시대이다.

따라서 리더가 구성원들에게 엄청 빠르게 변하는 시대환경에 따라가기 힘든 상황인지라 일일이 구체적인 방법을 세세하게 알려주기보다 스스로 방법을 찾아 바다로 나아가게끔 동기부여 해주고 바다를 향한 꿈을 꾸게 해주는 것이 더욱 효과적일 것이다.

## 마. 통찰력을 키우자

통찰력은 내면의 상황을 간파해내는 능력으로 "통찰"의 사전적 의미는 "예리한 관찰력으로 사물을 꿰뚫어 봄"이라 정의되어 있는바, 일명 '통박' 혹은 '통밥'이라고도 하는 데 오랜 경험과 사고체계로 익힌 나름의 문제해결력을 말한다. 아울러 통찰력은 직관력과도 유사한 개념으로 상황을 '꿰뚫어 보는 능력'을 담고 있다.

정리하자면 통찰력은 "보이지 않는 것"까지 읽어내는 힘으로 정해진 방법이나 과정을 벗어나 문제를 해결하는 직관적인 그 무엇이라 할 수 있기에 메타버스 교육 쪽에도 가상공간을 꿰뚫어 볼 줄 아는 통찰력이 아주 중요하다.

세상은 보이는 대로 또한 겉으로 드러나고 정해진 대로만 움직이는 것이 아닌데다 급격하게 변해가는 상황 속에 놓여 있으므로 늘 복잡하고 어려운 문제투성이로 점철되어 있어 가상공간에서는 더더욱 통찰력의 가치가 빛이 나기에 메타버스 교육의 리더십 확보 차원에서 통찰력을 확실히 키워나가야 할 것이다.

익히 아시겠지만, 리더는 역사를 꿰뚫어 보고 시대를 관통하는 통찰력으로 핵심을 꼭꼭 짚어주는 통찰력을 가지고 있어야 변화하는 시대에 능동적으로 대처할 수 있다.

특히 가상공간까지 진두지휘해야 하는 메타버스 교육의 리더는 항상 어떤 현상의 표면적인 사실 확인에 그칠 것이 아니라 그 사건이 일어난 역사적 배경과 본질적인 원인을 살펴보고 핵심을 관통하는 동기를 파악해 그 원인과 배경을 바탕으로 대응 전략을 세워나가는 자세를 갖도록 평소에도 통찰력을 키우는 훈련을 게을리하지 않아야 할 것이다.

통찰력을 키우는 데는 책 읽기와 토론, 그리고 명상이 가장 쉽게 접할 수 있는 훈련법이다. 한 달에 한 권씩 책 읽기를 한다거나 직원들 혹은 동료 및 친구들과도 사석에서 가볍게 토론하기를 즐기는 것도 의외로 훈련 효과가 크다.

명상은 조용한 곳에 혼자 아무 생각 없이 있어 보거나 산책하면서 자연스럽게 무거운 생각을 털어내는 명상을 권할 만하다. 명상을 어렵게 생각할 필요 없이 자연 속 꽃과 나무를 접하면서 잡념을 떨쳐버리거나 달리기와 등산 등을 통해 신체를 약간 혹사하는 느낌이 들 정도로 운동에 매달리는 과정에 정신을 맑게 하는 효과를 볼 수 있기에 부담 없이 머리를 비우는 습관을 들이면 명상이 그렇게 어렵지만은 않을 수 있다.

# 6장

## 메타버스교육 성공 전략

한국U러닝연합회

## 1. 상호작용으로 차별화

"저공비행은 저마다의 공부 비법으로 행복한 변화"로 개인별 맞춤 학습을 지향하는 수업전략으로 특히 가상공간의 미터 버스 교육에도 여전히 주효한 교수학습법이라 할 만하다.

전 문화부 장관인 이어령 교수는 생전 인터뷰에서 "떴다 떴다 비행기, 날아라 높이 높이 날아라"라는 동요를 부르시면서 <뜨는 건 남이 만들어 주는 것이고 나는 것은 스스로 목표를 찾아 자체 동력으로 비행하는 상태>를 말한다고 설명을 덧붙여 저마다의 의미 있는 생존법을 강조하셨다.

교육에도 저마다의 교수학습법으로 개인별 맞춤교육을 실천하는 것이 시대적 과제이므로 <저공비행>을 의미 있는 화두로 삼아 자기주도적 학습과 1:1 튜터링 등 개별교육에 지렛대로 활용하는 전략이 필요하다.

특히 가상공간의 메타버스 교육은 인드라망의 구슬 같은 존재를 붕~붕 띄워주기도 하고 제대로 날게끔 도와주는 역할을 하는 게 교수자와 설계 및 운영자의 임무이므로 특히 개인별 상호작용 촉진에 신경을 써야 할 것이다.

오프라인 대면 교육에서는 교수자 주도의 강의형 수업이 먹힐 수 있겠지만 비대면 온라인 환경에서는 강의식 수업이 금방 흥미를 잃을 가능성이 크므로 되도록 상호작용형 학습활동 위주로 하는 것이 중요하다.

## 2. 메타버스 학습 여정

- 순간의 힘, 일상의 힘을 잘 엮어 긴 인생 여정의 동반자로 -

LG전자 안동윤 박사의 "학습 여정" 관리방안 중 <Power Move와 Retual 전략>에 따라 순간적인 결단력을 발휘해 변화의 계기를 만들고 이를 지속할 수 있게 꾸준히 하위전략 등의 개발과 실천으로 일상이 되게끔 자기관리에 철저한 동기부여가 필요하다.

아울러 이를 성공적으로 이어 나가기 위해 평생학습 로드맵을 만들어 중장기 실천 방안을 수립하고 요즘 흐름인 메타버스를 통해 지속적인 자극과 방향 설정에 도움이 되게끔 내외부 자원 잘 활용하는 지혜가 덧붙여지면 훨씬 부드럽게 학습 여정을 이어 갈 수 있을 것이다.

## 3. 따로 또 같이

문명사적 대전환기인 제4차 산업혁명과 전대미문의 코로나 감염사태를 계기로 이젠 과거와 같은 집체 활동이 아닌 각자도생의 길로 접어들었기에 "따로 또 같이" 생존전략이 중요하다.

고대에는 인간의 힘이 미약해 자연을 신으로 모시다가 중소에는 신 중심에서 그리고 근대 이후 르네상스를 계기로 인간중심의 휴머니즘으로 이동한 뒤 이젠 기술 중심의 테크노피아 시대를 맞아 "개인"이 역사의 주체로 등장하기 시작했다.

특히 2020년 코로나 감염사태로 인한 비대면 문화까지 더해져 디지털미디어를 통한 "따로 또 같이"가 현실적 대안으로 부상함에 따라 교육심리와 철학적인 측면에서 더더욱 개인을 중요시하게 되고 메타버스 교육에서도 개인적 관심사와 취향에 많은 투자가 집중되고 있어 이런 흐름에 걸맞게 개인별 맞춤 학습에 초점을 맞춰야 할 것이다.

## 4. 이러닝 고도화

메타버스 교육이 갑자기 하늘에서 뚝 떨어진 게 아니라 IT 기술의 발달과 함께 시작된 이러닝의 진화로 이뤄진 결과물일진대 그간 이러닝의 성과와 한계를 잘 살펴 메타버스에 창조적으로 적용해 시행착오를 줄이는 지혜가 필요하다. 특히 노동부 고용보험 환급제도로 기업 이러닝 교육의 자율성과 창의성이 훼손되어 자체적인 이러닝 생태계가 마련되지 못한 점을 거울삼아 과도한 정부의 개입을 줄이는 것이 관건이다. 코로나19 이후 비대면 사회에서 이젠 오프라인 교육의 명실상부한 대체재로 자리매김하기 위해 이러닝의 고도화에 박차를 가해야 할 것이다.

## 5. 시뮬레이션 최적화

IT 기술 발전으로 상상한 걸 거의 모두 구현해내는 시대가 되어 버렸기에 수업 효과를 극대화할 수 있는 창의적 상상력으로 여러 가지 상황에 대비한 교육 시뮬레이션을 많이 개발해 이를 효과성 있게 최적화시키는 것이 관건이다. 현실적으로 이를 어떻게 잘 현장에 접목할 것인가가 교육담당자나 e러닝 종사자들의 몫일 것이다.

## 6. 메이커 브랜딩 전략

가상공간에서는 더더욱 브랜드의 가치가 중요하므로 평소에 꾸준한 인지도 관리 차원에서 믿음을 주고 또한 이벤트 진행 등으로 살아있다는 모습을 보이기 위해 다양한 노력을 기울여 나가야 할 것이다. 특히 "메타버스 메이커"라는 가상공간의 설계자 혹은 제작자 관점에서 새로운 브랜드를 만든다는 각오로 처음부터 끝까지 전적인 자기 책임하에 모든 걸 다 총괄 수행할 만큼 전력 질주가 필요하다.

메타버스 교육 쪽에서는 아직 아무도 이 길을 완벽하게 잘 닦아놓은 기업이나 단체 혹은 개인이 없을 정도로 이 분야가 생소하기에 새롭게 도전해서 먼저 자기 브랜드를 구축하는 것이 가능하다.

그런 만큼 메타버스 교육 쪽에 메이커 있는 브랜드를 새로 구축한다는 마음가짐으로 기존 온라인 교육과 이러닝을 업그레이드시켜 재매개화 재개념화 전략 차원에서 메타버스를 교육공간에 최적화시켜 선구적인 역할을 맡아 나가기를 기대해 본다.

## 7. 마음 관리

세상은 마음의 투영, 심리 철학적인 접근으로 마음을 잘 어루만질 수 있도록 좋은 생각으로 좋은 세상을 여는 뇌과학 및 심리 치유형 교육환경 제공해 학습지원 효과 높이기가 메타버스 교육 쪽에 있어 그 무엇보다 중요하다.

원효의 해골바가지 물처럼 마인드 세팅 잘해 긍정적 일 처리 방식이 스며들도록 가상공간의 소통을 극대화하는 마음 훈련이 필요하다. 요가 및 자연 명상 등을 통해 메타버스 공간에서도 소통의 리더십을 이어 나갈 수 있게끔 마음수련과 구성원들과의 심리적 유대감을 높이는 메타인지 강화 프로그램도 틈틈이 익혀나가야 할 것이다.

아울러 메타버스 교육에는 언제 어디서나 자유롭게 소통하고 교육이 원활히 이뤄질 수 있는 유비쿼터스 컴퓨팅처럼 도구가 보이지 않게 스며들 듯이 고도의 심리 철학적 교수학습 설계가 중요한바, 온라인 교육 종사자들이 메타인지 사고와 맥락이 녹아들 수 있는 가치체계를 새롭게 구축하는 전략도 필요하다.

메타버스 교육이 기존 오프라인 교육의 보완재, 대체재를 넘어 우리 삶의 일부로 가상세계를 주도하는 대안적인 삶과 교육으로 자리 잡을 수 있도록 메타버스를 물과 공기처럼 잘 활용해야 하기에 평소에도 초월과 뛰어넘기의 메타적 마음을 쓰기와 인식 훈련을 생활해 시켜나가야 할 것이다.

즉, 자기 스스로 무엇이 부족하고 왜 공부해야 하는지를 끝없이 질문하며 내가 알고 있는 것과 모르고 있는 것이 무엇인지를 정확히 알고 지내는 메타인지 심상 훈련이 몸속에 베이도록 해야 한다는 점이 무엇보다 중요하다.

## 8. 인적자원 업그레이드

항해할 때 선장과 구성원의 역할이 중요한 것처럼 메타버스 교육으로 새로운 패러다임을 열어가는 시점에서 이에 걸맞은 인적자원 업그레이드 전략이 당연히 필요하다.

기존 마인드를 벗어나 새로운 가치관으로 무장하기 위해 차별화되고 감성에 공감하며 속 깊은 배려가 돋보이는 열린 마인드의 세계관이 중요하다.

그러기 위해서 20년 역사를 가진 설득포럼의 2022년 화두인 DEEP Leadership 전략으로 새롭게 업그레이드가 필요한바, 교육에서는 DEEP Learning으로 차별화시켜 새로운 교수학습법 및 인적자원 향상 전략으로 활용할 만하다.

- 기존의 교수학습법과 차별화된 Different
- 교육 DNA 본질을 공유하는 Essential
- 궁극적으로 사람의 감성에 공감하는 Empathic
- 내면 깊은 곳의 심오한 그 무엇 Profound

위 4개 영어 단어의 첫 글자를 따서 DEEP Learning으로 기존 교수학습법과 차별화된 메타버스 교육 성공전략으로 전문역량을 심화시키길 기대해 본다.

## 9. 가상세계를 더욱 현실과 유사하게 혹은 현실을 초월해서

SF영화의 효시라 할 만한 "블레이드 러너(Blade Runner)" 결말에서 사이보그가 인간보다 더욱 인간적인 존재로 비치는 것을 볼 때 메타버스 교육도 현실 대면 교육보다 더욱 현실감 있게 그리고 현실의 문제를 초월해서 인간 지성과 감성의 극치를 보여줄 만큼 완성도를 높이면 메타버스 교육의 존재감을 극대화할 수 있을 것이다.

코로나19 팬데믹 이후로 비대면 사회가 익숙해지고 또한 코로나 일상(With Corona) 시대를 살아갈 수밖에 없는 상황이기에 가상세계는 우리 삶 속에 혹은 생활 일부로 녹아 있게 되므로 특히 메타버스 교육에서는 현실과 더욱 유사하게 가상공간에 담아낼 수 있어야 한다.

"영화 같은 현실" 혹은 "현실 같은 영화"라는 말처럼 오히려 메타버스 교육이 중장기적으로 현실의 대면 수업을 뛰어넘을 수 있게끔 완성도를 높여 나가는 것이 우리 온라인 교육 종사자들의 비전이고 임무라고 할 것이다.

## 참고문헌

이지혜(2020). 비대면 교육에서의 실감형 콘텐츠(AR, VR, 360°) 활용현황 및 개선 방향-초등학교 교육 중심으로-. 한국디자인문화학회지, 26(3), 369-377.

남선우(2021). 에듀테크를 활용한 상호작용적 비대면 실시간 수업 설계 및 개발 연구: 기독교교육과 수업사례를 중심으로. 기독교교육논총, 66, 343-382.

이애화(2020). 비대면 의학교육에 활용 가능한 에듀테크 교수법 탐색: 플립러닝을 중심으로. 의학교육논단, 22(3), 217-219.

윤정은, 김도연, 권오남(2015). 학습자 중심 수업에서의 교사의 역할 탐색. 학습자중심교과교육연구, 15(1), 45-68.

고선영, 정한균 김종인, 신용태(2021). 메타버스의 개념과 발전 방향. 정보처리학회지, 28(1), 7-16.

이문영(2019). 가상현실(VR)을 적용한 기초의학 수업의 만족도 연구. 한국엔터테인먼트산업학회논문지, 13(7), 531-537.

이영민, 전도근, 『팀 기반 학습』, 서울: 학지사, 2009. p. 88, 97.

간진숙, 정현재, 『플립러닝 설계실무』, 서울: 콘텐츠미디어, 2015.

한국U러닝연합회, 『e러닝지도실무』, 서울: 콘텐츠미디어, 2021.

한국U러닝연합회, 『온라인 완전학습』, 서울: 콘텐츠미디어, 2020.

ALLO, https://allo.io/home

Tarsia, http://www.mmlsoft.com/index.php/products/tarsia

Gathertown, https://gather.town/app

Mozilla hub, https://hubs.mozilla.com

Spot, https://spot.xyz

3D Organon Anatomy, https://www.3dorganon.com

Sharecare VR, https://www.sharecare.com

https://news.sktelecom.com/129415

https://blog.naver.com/playparkgo/222357202800

http://www.ssizen.net/home/playView.html?idx=2482

http://chunchu.yonsei.ac.kr/news/articleView.html?idxno=27575

https://blog.naver.com/molab_suda/222764248363

https://news.mt.co.kr/mtview.php?no=2021080409207415911

http://www.virtuix.com

http://cyberith.com/product

https://www.playstation.com/en-us/accessories/playstation-move-motion-controller

https://theta360.com/ko/about/theta/x.html

# 메타버스 교육 성공 전략

초판 1쇄  2022년 8월 15일
발행처  **콘텐츠미디어**
발행인  정 현 재
가 격  20,000원
ISBN  979-11-85958-10-1(13370)


콘텐츠미디어

주  소 (07532) 서울시 강서구 양천로 551-24, 1009호 (가양동, 비즈메트로2차)
전  화 02-780-0723~4
팩  스 03030-941-3795
웹사이트  www.contentsmedia.com
이 메 일  cem@kaoce.org

https://www.google.com/glass/start

https://moverio.epson.com

https://news.microsoft.com/innovation-stories/hololens-2-nasa-orion-artemis

https://deepdreamgenerator.com